放大格局，
妳可以自帶光芒

序言

打開格局，你會熠熠發光

多數女人在情緒管理上是失控的。遇到情感問題，吵；遇到被人誤會，爭；遇到無人理解，哭；遇到能被自己掌控的人，鬧……作為女性，這些舉動可以偶爾為之，但是作為一個成年女性，社會不會嬌慣你，經常這樣做是行不通的。

而且往往當事情過去，你會發現原來驚天動地的爭執和斤斤計較，在未來不過成了小事一樁。

沒有人遮得住星光雲影，也沒有人能從日曆上抹去冬至、穀雨。無論你是二十青春、三十而已、還是四十不惑，在年歲饋贈的經驗裡，你除了應該懂得分寸，還要為自己保留不生遺憾的退路。

溫室裡長不出堅強，爭吵裡養不出優雅，計較裡生不出慈悲。有人說過，一帆風順的心電圖是屬於死人的，人生就該有朝起暮落的輾轉，陰晴圓缺的轉換。

世間種種變故傷痛，人人都要學會面對。女人不必是好漢，但也不應該是懦夫。當格局打開，你會更自信、更篤定，在自己的人生中乘風破浪。

凡是人生不能避免的酸甜苦辣，作為一個成熟的女人都要去坦然承受，悄悄落淚，再擦乾眼淚給自己一個溫暖的擁抱，給自己勇氣和堅強。

我始終相信，沒有一片風景會稀鬆平常到該被我們忽視。世間萬物都以最美的姿態出現在我們面前，即便偶爾會有不完美，也是因為生活打算在下個路口給我們更多的驚喜，而你也會因此觸及到峰迴路轉的不平凡之美。

可是，女人往往在失戀、失業、失敗時變得無限悲觀。

她們會陷入一個可怕的負能量沼澤地。你對她說：「你最棒，你可以爬出來，你行的。」她們會搖頭說：「不可能，我不信。」當你朝這類人伸出援助的手時，她們會拒絕，會振振有詞地說：「不用，我不需要憐憫。」

她們覺得是世界辜負了自己，覺得自己是世界上最多餘的人。可很多時候，痛苦是被她們無意識放大了，她們往往過度在意輸贏，喜歡跟別人比較容貌、職業，總覺得別人的老公更好。她們容易和自己生悶氣，甚至整天疑神疑鬼。這些狀況的出現都是因為她們的格局制約了世界的廣闊！

當你不再執著於小利，懂得去欣賞比你優秀的人與事物時，才會有解決問題的信心，才能給自己自信和雲淡風輕的心態。

越是在失望的時候越是需要理智。這是當人處於逆境中時需要學會的一種情緒管理。

電影《瑪麗和馬克思》裡有段臺詞說：「每個人的一生都像是一條長長的人行道。有的很整潔，然而像我的，沿途有裂縫、香蕉皮和煙頭。」但是我們必須接受自己，接受自己的所有缺點。如果可以，你跌倒了，我願意拉著你的手；你哭了，我甚至可以陪你哭。但哭過之後，你要想想未來：是全盤否定自己，還是去歷練出一個視野更開闊、格局更廣闊的自己。

念頭一時起，信念一生撐。女性終其一生想過怎樣的生活，取決於當下做的每一個決定，更取決於能否堅持規劃一條適合自己的路。好的人生，最重要的就是要眼界寬、有格局，既能容人，也能容己。

有格局的女性，一生都會是花季。春有桃花灼灼，夏有芙蕖映影，秋有絲菊似錦，冬有梅骨傲寒。我願意和你們一起學習來溫柔接納自己，一起擁有更廣闊的眼界、更海闊天空的明天。

曾雅嫻

目次

LESSON 3

品格篇——品行的養成，奠定你前路的長度

LESSON 4

情感篇——單身或有伴，都是一生的必修課

LESSON 5

—自律篇—自我管理，是通往自由的必經之路

LESSON 6

—品味篇—獨有的魅力，讓你優雅地走向成熟

LESSON 7

獨立篇｜不畏改變，乘風破浪做自己的女王

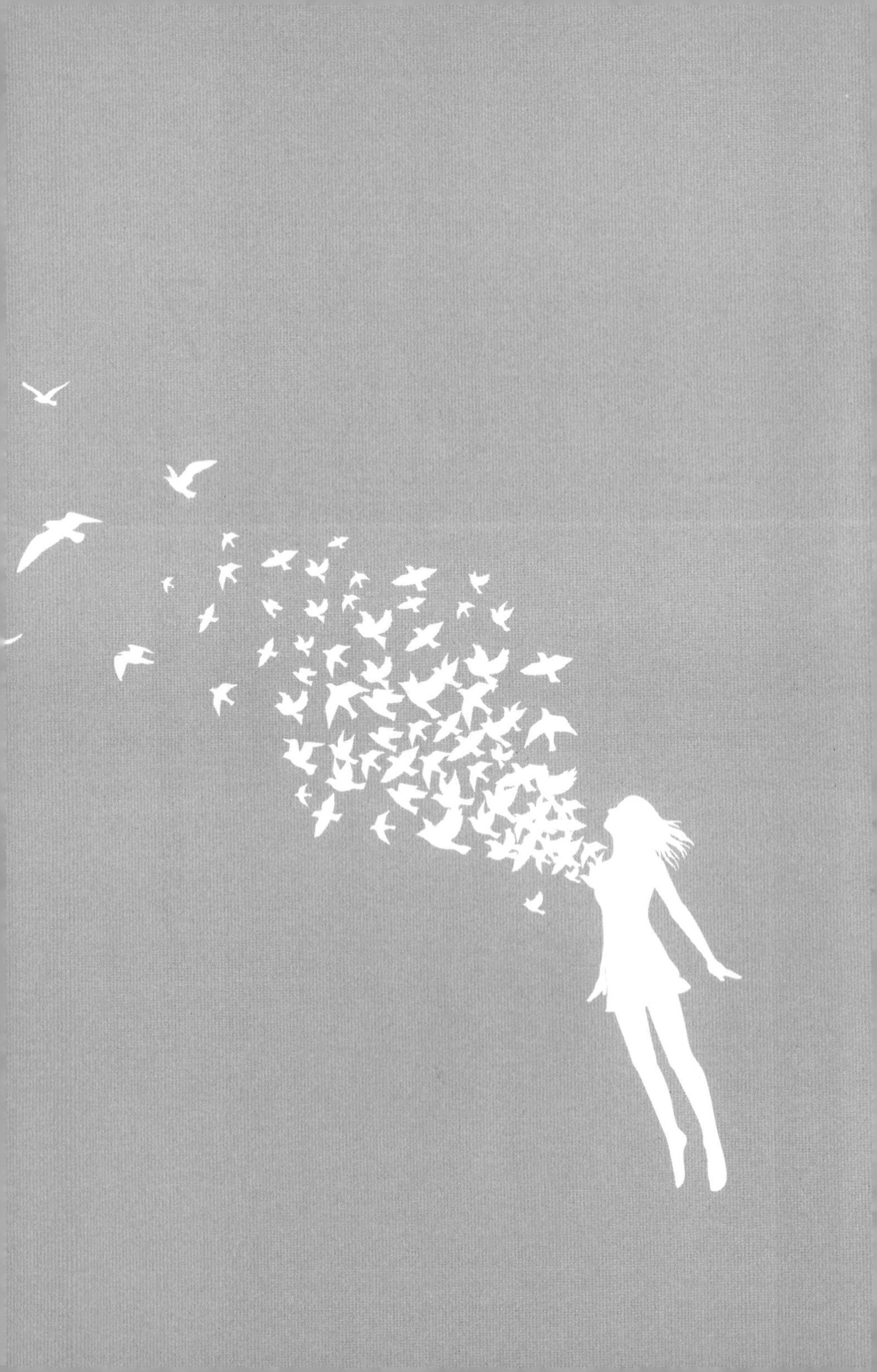

LESSON
1

|眼界篇|

視野的寬廣，決定你未來的高度

女人私房話

我們多數人都不是出身豪門，要想以後過得好，首選路徑一定是好好讀書。「風物長宜放眼量」，並不是說今天努力學習了，馬上就有回報，而是當你一直在充實自己，透過多年的積累，潛移默化提高自己的素質、能力，才會在將來有更多的機會。

知識改變命運，是值得一生篤信的真理

在該讀書的年齡好好讀書，畢竟好的大學是一塊敲門磚，讓你有機會被更多的伯樂賞識。

讀書，是為了擁有更多選擇的自由

我記得在一期《演說家》節目中，主持人魯豫直白地問網紅考研培訓老師張雪峰：「你真的相信考研可以改變人的命運，還是在做這行之後才開始宣傳考研的？」

張雪峰回答：「中國的五百強企業，甚至是所有世界五百強企業，他們都告訴你學歷不重要。但是，他們不會去一般的大學招聘。他們說的都是假話。」

雖然這話很殘酷，但這就是現實。很多大公司在招聘新員工的時候，會把985、211院校（即被中國列為頂尖名校的學校）畢業的學生列為首選，把其他非985、211院校畢業的學生作為次要選擇。

你也許會說，學歷不是能力的唯一證明，畢業於名牌大學並不一定代表能力強。但我想說的是，在該讀書的年齡一定要拚盡全力，這樣在面對各種人生選擇的時候，你才能擁有更多選擇的自由。

作為一個非一流名校畢業的女生，隨著年齡漸長，我越發覺得讀書很重要、知識很重要。考上名校或許不能證明你的工作能力，但它至少證明了你曾經很努力，證明了你在該讀書的時候真的盡力做好了這件事情。

而且，好學校的學生接觸的圈子會更好一些，機會也更多。尤其是和我一樣出生在三四線城市的人，如果能考上一流名校，命運的軌跡會截然不同。

知識改變命運，是值得篤信的真理

兮然是一位透過讀書真切地改變了自身命運的人。我看著她把一手普普通通的牌打成了最好的同花順。兮然出生在江西省一個縣城的小鎮上，媽媽是家庭婦女，爸爸是一個食品公司的普通員工，掙著一份供全家勉強度日的薪水，兮然還有個妹妹，家庭條件可以說是中等偏下。兮然深知唯一能改變自己處境的辦法就是努力讀書，所以她勤學苦讀，以全鎮第二名的成績考上了縣城的重點高中。

高中的兮然依然埋頭學習，成績一直名列前茅。但是天有不測風雲，在高考前三個月，兮然的爸爸居然與一個售貨員發生外遇，被媽媽發現，原本和睦的家庭從此三天一小吵五天一大鬧，這嚴重影響了兮然的心情和學習。為了保證自己在最後衝刺的日子裡可以保持內心的安靜，兮然毅然決然地住校了，把家裡的那些不和諧之音都隔絕在外，一門心思地讀書。

那年八月，她的爸爸和媽媽還是離婚了，爸爸離開了家。兮然最終考上了江西省唯一一所211大學。在收到大學錄取通知書的時候，兮然就知道自己的大學生活會很拮据。大學四年，兮然緊緊抓住學習的機會，每天堅持早上六點起床，晚上看書到十一點；同時靠獎學金和假日兼職賺取生活費。在本科畢業的那年，她以專業第一名的成績考上了上海某名牌大學王牌專業的碩博連讀。攻讀碩士期間，她認識了家境良好、性格溫和的丈夫。博士畢業後，她和丈夫都順利進入大學任教，不久因為科研成績出色被選派到美國做交換學者……現在的兮然已經是大都市裡精緻而恬淡的知識女性，她也成為故鄉小鎮的傳奇。

我們多數人都不是出身豪門，要想擁有美好人生，首選的路徑一定是好好讀書。雖然現在的世界有些浮躁，可越是在這種境況下，越是要沉下心來堅持自己讀書的夢想。

風物長宜放眼量。並不是說今天努力學習，馬上就有回報，而是只要你一直在充實自己，潛移默化提高自己的素質、能力，才能在將來有更高的起點，擁有更多實現自我價值的機會。

看一本書和看一千本書是有區別的

作為一名文字工作者，偶爾會有人問我：「曾姐姐，你覺得是讀書改變了你的命運嗎？」回答這個問題我需要回顧下童年。

我是一個沒有讀過重點大學的人，十八歲之前生活在一個小縣城，父母是普通的公司小職員，但為了滿足我讀書的願望，他們為我在圖書館、書店辦了讀書卡、借書卡，這讓我從十幾歲開始文字表達能力就很好，也一直得到老師的肯定。他們鼓勵我參加一些作文比賽和投稿，也取得了較好的成績，這讓我有信心在寫作這條路上一路前行。

我是因為喜歡看書，而愛上寫書。憑藉寫自己心愛的文字，我過上了自己嚮往的生活，可以隨時來一場說走就走的旅行。從這個意義上說，讀書確實改變了我的命運。因此我認為，在該讀書的年齡一定要好好讀書，畢竟好的大學是一塊敲門磚，讓你有機會被更多的伯樂賞識。而終身不斷地學習和積累，還將為你帶來源源不絕的效益和回饋。

巴菲特的合夥人查理・蒙格曾經說過：「我這輩子遇到的來自各行各業的聰明人，沒有一個不是每天閱讀的——沒有，一個都沒有。而巴菲特讀書之多，可能會讓你感到吃驚，他是一本長了兩條腿的書。」

看一本書和看一千本書是有區別的。

主持人蔡康永是娛樂圈裡真正的讀書人，他一邊做高量產的綜藝節目，一邊出版《蔡康永的說話之道》、《蔡康永的情商課》等暢銷書。

曾經有人問他：「你一年讀幾本書？」

他回答：「一年？太久了吧。讀書對我來說就是日常。」

寫書、拍電影、錄綜藝節目，蔡康永好像有用不完的精力，像個寶庫似的，一直有東西輸出。他會慢條斯理地跟你講道理，往往一句話就能戳中你心裡最柔軟的地方。而這神奇的能力，正是讀書賦予他的理解力和共情能力。

一個人有了知識的輸入，便會自然而然地進行知識輸出。日積月累，變成了「知識暴漲」現象。

堅持讀書，會讓你眼界開闊、增長見識，更重要的是可以改變我們的思維方式。所以在這個人人都有機會的年代，讀好的大學可以改變命運，多讀書、讀好書也是如此。

女人私房話

即使是郎朗，也不是生來就把鋼琴彈得那麼動聽；即使是郭晶晶，也不可能一開始就是跳水冠軍。平凡如你我，在剛參與工作的階段怎麼可能沒有失誤、不犯錯誤呢？既然會犯錯，自然就要接受批評，在積累工作經驗的過程中，嚥下委屈也是工作的一部分，這都包含在你的薪水裡。

揣著一顆玻璃心，路會越走越窄

沒有一個行業是錢多、事少、離家近，位高、權重、責任輕，睡覺睡到自然醒，數錢數到手抽筋的。普通人的成長必然要承受一些委屈，因此格外需要有守得雲開見月明的耐心。

沒有誰的成長不需要承受委屈

地產教父馮侖說：「偉大都是熬出來的。」這個熬字形容得很生動！即使你的目標不是偉大，只是想要活得更好，那也得先熬上一段時間才行。

因為沒有一個行業是錢多事少離家近，位高權重責任輕，睡覺睡到自然醒，數錢數到手抽筋的。普通人的成長必然要承受一些委屈，因此格外需要守得雲開見月明的耐心。直到有一天你從普通員工熬成了菁英、高階主管等某種意義上的成功人士，你定會慶幸自己在那段艱難前行甚至被人看低的日子裡沒有放棄。

嚥下的委屈能餵大你的格局

琳達是一個大學畢業不到三年的新人，在校期間是學生會主席、廣播台的播音員，應該說能力很出眾。畢業後順利進入一家媒體工作，因待人接物大方、文字表達能力好而得到同事們的認可。

但隨著市場發生變化，公司由文字內容運營朝短影片和短網劇轉型，這就意味著她要學習新的工作技能。某天公司臨時組團要做一個影片專案，專案經理對她說：「我要去忙對接，這些鏡頭後期你能搞定嗎？」琳達看著資料認真點頭回答：「快去吧，我仔細研究一下應該沒問題。」於是她通宵加班，邊學邊做。

最後琳達交出來的短片很專業，只有一個鏡頭因為不確定要用哪個廣告語，所以用Photoshop先做出來暫時代替。專案經理肯定了琳達的工作，還誇讚了琳達的學習能力。

但這樣出眾的琳達，也有被經理劈頭蓋臉批評的時候。一次，琳達正在一個博物館拍採訪影片，忽然接到經理的電話。原來是某高校晚上臨時有一個論壇直播，需要琳達送一份活動方案到某高校並與專案經理會合。琳達先花一個多小時從博物館回到公司拿方案，然後在去郊區的高校時遇到下班高峰，而直播時間馬上就要到了。眼看無法準時趕到，琳達只好趕緊打電話和經理說會晚點到。

經理自然是劈頭一頓責罵：「腦子不懂得變通嗎？趕時間不知道搭計程車嗎？還坐公車？你事先不知道在公司用電腦存下檔案，先發我一份電子版應急嗎？」

琳達眼淚汪汪解釋道：「我今天不在辦公室，一直在拍博物館的那個影片。」

經理打斷話直說：「不要找那麼多理由，我只要效率，只要結果，不行就走人。」

晚上琳達越想越氣，覺得經理太不近人情，因為一次失誤就否定她從前的努力。她洋洋灑灑寫了近千字的辭職報告。寫完後，她冷靜地想了想：老闆會收下我這份辭職報告嗎？

答案是「會」。因為我的能力還沒好到公司非我不可的地步。

我去其他公司還是會犯錯，會不會被主管罵？

答案是「會」。想到這裡，琳達默默地把自己的辭職書收起來，第二天如常去上班，並主動找經理道歉，大意是我會反省工作態度和方法，提高自己的工作能力。

經理沒提昨天的事，給她倒了一杯咖啡說：「我從沒懷疑你的能力，加油！」琳達嘆了一口氣，慶幸自己沒有衝動辭職。

琳達放下了委屈，往後遇到那些做不到位的工作，總是一副做不好誓不罷休的態度，因此總能非常漂亮地完成工作。

綜合來看，琳達的格局是非常不錯的，能把委屈轉化成自己所需的營養。如果你在職場也能嚥得下委屈和批評，它們絕對能餵大你的格局。

但年輕人不能忍耐而吃虧的例子太多。鮑鵬山教授在《百家講壇》說過一句話：「爺爺都是孫子熬成的。」這句話雖然戲謔，但對於人生和職場而言都有一定的道理。

很多年輕人不斷地跳槽，從一份工作換到另一份工作，這是不願意忍受現實壓力和挑戰的表現。她們覺得自己什麼都做不好，又害怕被老闆罵，於是就想逃避。其實挨罵是每個人步入職場後都會經歷的事情，再優秀的人在工作中都難免會出現差錯，被老闆批評並不是什麼大事。甚至可以說也算工作的一部分，包含在你領的薪水裡。

聰明的女人懂得在被罵的時候從多個角度進行思考。思考老闆責備自己的初衷，反省自己工作的失誤，虛心接受批評，這就是智商高、有格局的體現。

何況世上哪有不受一丁點委屈的人生呢？如果每受委屈都躲避，則人生將無處可逃。你受得了多大委屈就會有多大成就，何況那些委屈多數時候只是因為自己真的做得不夠好，但又玻璃心。所以無論在什麼環境裡工作，最忌諱的都是怨天尤人，卻不從自身找原因。

明智之舉是——主動地從自己身上找原因，正確地認識自己，接受自己不能改變的，改變自己能夠改變的。這樣你的人生之路才會越走越寬，越走越錦繡。

女人私房話

女性在一天中往往要完成多個角色的轉換。就像《三十而已》裡顧佳那樣，既是全能媽媽，又是賢內助和茶廠老闆。一天二十四小時與不同的人周旋，心情難免會隨著外界的起伏而變化，一不小心就可能陷入一些莫名的紛擾中去。面對這種情況我們需要給生活加上濾鏡，學會有選擇地捂上耳朵，把紛擾的聲音關在心門之外。

學會捂上耳朵，把紛擾的聲音關在心門之外

成熟的麥穗才懂得低頭，成熟的人才懂得低調，而懂得慈悲的人才會適時捂上耳朵。每個人都有屬於自己的隱私，關係再好也不要去打聽，即便知道了也不要妄加評論或到處傳播。

時間會幫你留下真正的朋友

每個人都需要朋友。尤其是到了三十歲的女性，閨密可能是你分享美好、緩解壓力的最佳陪伴。有的朋友會比愛人更長久地陪伴你一生。

我就常和閨密念叨，以後老了要共同買一處房子，分別住樓上樓下，有什麼好吃的、想聊的，喊一句人就到了。

每到冬天，我都會在南方盼一場盛大的雪：最好是某個傍晚，漫天的雪花中，屋簷下掛著長長的冰凌，屋內生起小火爐，爐火正旺，溫著煮好的茶。我會到陽臺上喊一句

「親愛的，快來喝茶。」不到三分鐘，熟悉的腳步聲、開門聲就會傳來。我們端起茶盞談天說地，聊到盡興時，時而大笑，時而以茶代酒，對飲三巡。

我們會相互依偎坐著，抬頭看院子裡的梅開得正好，真正是「寒夜客來茶當酒，竹爐湯沸火初紅」。不僅是一點不覺冷，簡直是喜上眉梢的快活了。

香港作家亦舒小說改編的電視劇《流金歲月》裡，蔣南孫和朱鎖鎖貫穿半生的友情就是這樣。年少時相識，年輕時相知，中年後相互扶持。兩個人看似有著不同的人生軌跡，卻又在不同軌跡中彼此認同，相互支持。

那是一種我心之嚮往的閨密關係，即無論生活怎樣沉浮，都會有一些朋友毫無保留地彼此支持，在幸福的時候彼此分享快樂。

看過綜藝生活秀《我們是真正的朋友》的觀眾，一定會羨慕大S、小S、阿雅和范曉萱超過二十年的友情。節目以四姐妹前往緬甸旅行和完成心願清單為主線。坦白地說，在目前旅行類綜藝節目氾濫成災的情況下，這個設定不新鮮，使節目點石成金的是四姐妹幾十年的感情。

現實生活中，像四姐妹這樣跨越二十年、吵架又和好、會誇你也能損你的友情並不多。不是人情淡漠，只是時間無情。就像有人說的，花朵和果實的朋友不可能都是蜜蜂。更多的朋友雖不能說是曇花一現，但卻都有著一定的階段性和週期性。

很多朋友都是漸行漸遠。不必遺憾，也不必自責，時間自然會幫你留下那些真正的朋友。

清子是一個非常內向的女孩，在上海工作五年，幾百個同事裡稱得上朋友的一個巴掌可以數得清。所以只要是朋友，她都特別珍惜。小瑋就是其中之一。

小瑋長得漂亮，卻很愛八卦別人。但清子還是很喜歡跟她來往，會跟她說一些心事。有一次，清子租的公寓樓上的鄰居大叔半夜喝醉酒，唱歌敲地板。清子不勝其擾，就敲了醉酒大叔家的門，打了物業管理公司的投訴電話。微信聊天時，清子把這件事告訴了小瑋。

誰知這件事情被小瑋傳了出去。結果一傳十、十傳百，清子竟然被傳成了看上的男人不愛她，她半夜去敲男人的門，被投訴到物業的水性楊花的女人。

這嚴重影響了清子的形象。清子欲哭無淚，那段時間甚至想換個工作來證明自己的清白。可是轉念一想，如果自己走了，不正好說明是心裡有鬼待不下去了嗎？

清子也曾要小瑋給她一個解釋，小瑋滿不在乎地回覆：是你微信語音話講得不清楚，是你自己的問題。

清子只好在一個適當的時機把自己和小瑋的聊天記錄放在了工作群裡，以證清白。

太宰治在《人間失格》裡曾說過：「我的不幸在於我沒有拒絕的能力。」

我的建議是，朋友是可以選擇的，應該學會去偽留真。真正的朋友私下可以互懟，但背後一定會默默支持你。當你發現對方人品有問題的時候，一定要及時止損。與其讓這樣的人嚴重影響到自身形象，倒不如揮一揮衣袖劃清界限，說句江湖不見。

尊重他人隱私是成年人最高級的修養

成熟的麥穗才懂得低頭，成熟的人才懂得低調，而懂得慈悲的人才會適時捂上耳朵。每個人都有屬於自己的隱私，關係再好也不要去打聽，即便知道了有時候也要選擇糊塗，不要妄加評論或到處傳播。

懂得尊重他人隱私是善良的體現，也是一個成熟女人最高級的修養。

在進修學校擔任行政的豔明離婚了，心情低落。一天她和同辦公室的小小聊天，提起自己孩子還小，如果不是老公家暴不改，她根本不會離婚。

後來小小又順口和自己關係比較好的另一個同事說了句，豔明姐被家暴離婚了，真可憐。過了幾天，整個學校的老師都知道豔明因家暴離婚了。豔明只把心事和小小說了，自然認定小小就是那個大嘴巴的人，為此豔明很長一段時間都不開心，見到小小都繞著走。

很多時候別人自己都還沒來得及消化的事，你隨口的一句話，可能就是在別人的傷口上撒鹽。

電視劇《小歡喜》中，宋倩和童文潔本來是為了處理孩子早戀的事約在一起吃飯，誰知道聊著聊著，宋倩把矛頭指向了童文潔的老公方圓。

她說：「你看方圓整天和喬衛東混在一起，能不受影響嗎？他現在工作也沒了，整天在家裡遊手好閒，那方圓不就是未來的喬衛東嗎？」

聽到這兒，童文潔已經有點不開心了，就說了一句：「方圓不可能成為喬衛東的。」沒想到宋倩卻又說個沒完：「方圓還不如喬衛東呢！喬衛東還能自己賺錢，你說方圓會什麼呀，整天待在家裡靠著你，凡凡能跟他學什麼好？」

聽到這裡，童文潔忍無可忍撂下一句：「行了，我老公我自己都不操心，你操那麼多心幹麼呀？」然後就氣衝衝地離開了。

宋倩完全沒有意識到，她紮了童文潔的心，她以為她們是好閨密，就什麼話都可以肆無忌憚地說。

可生活中，很多關係的破裂，都是因為打著朋友的旗號，對別人的事指手畫腳所致。有時候你的說長論短，對別人來說就是傷害，多說一句話，就多一層傷害；而最明智的做法是假裝不知道、沒聽見、沒看見，少說或不說，反而是一種尊重。

正如海明威所說：「人只花兩年時間學會說話，卻要用一輩子學會閉嘴。」

年少的時候我們總喜歡高談闊論，以為自己無所不知。但隨著年歲的增長，會發現分寸感很重要。水深不語，人穩不言。一個智慧的女人是懂進退知分寸的，所以她們能漸漸活成俗世中的一股清流。

♡資訊獲取不在數量多少，而在於品質高低

高曉松在《奇葩說》裡講過一個現象，他說中國人時刻要看手機，是因為壓力太大，沒有安全感。

的確，在各種自媒體影片當道的今天，我們似乎只要拿起手機就什麼都能知道，所有的資訊都能被我們掌握，但同時，由於資訊過量，大多數人都已經不會選擇，被淹沒在紛繁複雜的資訊海裡。

那些碎片化的資訊，真的不值得為之付出過多的時間，何況有的資訊還傳遞錯誤的

價值觀，會對我們的思想產生不良影響。因此，我們要有獨立的思考能力能夠辨別各種資訊的真假和好壞，不要被錯誤資訊帶偏。

我們不只要過濾掉對自己無用的資訊，也要有針對性地獲取一些對自己有價值的資訊。把關注點放在對自己有用的事情上，關注同一類型的資訊，這樣才能減少過度的大腦損耗。比如，你想學習手機攝影，就多關注一些手機攝影相關的影片、課程。有明確的目的性可以節省時間，事半功倍。

知乎上有人說：我們無法掌控資訊的量，但是我們可以掌控它的質。有價值的資訊不在於數量的多少，而在於品質的高低。

我們不只在網路中要學會過濾各種資訊，在平時的生活中，同樣也需要有過濾資訊的能力，無論是道聽塗說的，還是別人灌輸的，我們都要學會辨別，理性而果斷地把那些無用的、有害的、虛假的、過時的資訊過濾掉，只保留對自己有價值的東西。這樣我們的生活才能少一點煩擾，多一分清淨，才能優化生活品質，提高幸福指數。

我們的手機要定時清理記憶體，我們的大腦也一樣需要定時清理，偶爾放空，適時調整。這樣我們才能輕裝前行，走更遠的路。

“

女人私房話

網路上有一句話，我覺得說得很對：大家都是成年人了，成年人的世界就應該乾脆明瞭，簡單又充滿尊重。但是很多話說起來容易，做起來卻總是要經歷一百個不甘心和一千次排山倒海的掙扎。

畢竟多數女人在交友和婚姻裡都喜歡穩定，這無關她的事業成功與否，而在於骨子裡的一種價值觀，就是活成大家眼中好女人該有的樣子。到了一定年齡就要結婚，家庭和和美美……彷彿這些才是正確的價值觀。

”

勇於放棄錯誤的生活，勇敢追尋全新的自我

覺醒，從來不遲。今時今日，女性早已不用禁錮在世俗的條條框框裡，被動地接受社會的偏見與挑剔，被各種身分和標籤定義和挾持。

以為結婚會幸福，結果離婚才是幸福的開始

二〇一八年五月在江蘇衛視《青春選擇之夜》晚會上，一首《紅色高跟鞋》把劉敏濤送上了各大熱搜榜。原本是一次平常的演唱，但劉敏濤卻用其獨特的「三分涼薄三分譏笑和四分漫不經心」的表演式演唱，圈粉無數。

現在的劉敏濤是「中年叛逆」、「越活越瀟灑」的實力派女演員，但曾經的劉敏濤，卻是個沒有自我、按照父母希望的在適當年齡就嫁人的乖乖女。中戲畢業後，她先後演了《人鬼情緣》、《冬至》、《福貴》和《前門樓子九丈九》，每一部都是女主角，演藝事業穩步上升。她在所謂該結婚的年齡認識了自己的另一半，對方條件不錯，

是房地產商，兩人情投意合就結婚了。婚後，按照中國傳統女性的做法，她順理成章地退出演藝圈，過起了全職太太相夫教子的生活。後來，她用一句話形容這段婚姻，說自己是「一個面容模糊的賢內助」。

「長久以來我身體裡自我的東西太少了，我很難去思考我高不高興、喜不喜歡。」她說丈夫忙工作，兩人聚少離多。在這段婚姻裡，她苦苦支撐，甚至不斷為丈夫的不回家找理由，認為是自己不夠溫柔、不夠體諒。直到丈夫的婚外情浮出水面，她才如夢初醒。她最後一點對婚姻的幻想，就此灰飛煙滅。

她說：「精神交流和情感溝通的缺失，逐漸讓我懷疑這樁婚姻存在的實際意義。」

二〇一三年的一個夏夜，劉敏濤獨自躺在床上，心裡想著好久沒有見到先生了。恍惚間，好像有另一個自我在俯視著那個徹夜未眠、眼睛瞪著天花板的自己。她讓劉敏濤第一次看清了自己的孤寂和不值得。天亮的時候，她終於決定：結束這段婚姻，開始一段新生。於是，她主動走出維繫了七年的婚姻。

後來她在多次採訪裡提到：「有一次，前夫帶她去日本旅遊。在濕滑的小路旁有一家冰淇淋店，她特別想吃抹茶口味的，但前夫覺得這個東西不好吃，她也不好說什麼就失望地離開了。而離婚後，她又重新去了那個地方，買了自己想吃的冰淇淋。舊地重遊是一種釋放，她終於不需要看別人的臉色，可以做自己想做的事情了。」

劉敏濤是幸運的，因為她在七年婚姻後發現，自己不需要這樣一樁不快樂的婚姻。她在離婚後獲得了自己想要的自由和快樂。

♡勇敢承認自己看錯人，受傷會少一點

在一段婚姻中，當男人不再付出感情，女人一定要做出離婚的決定。因為真的錯了的時候，只有學會華麗地轉身，才可以痛快多一點、受傷少一點。

沒有太晚，一切結束都是剛剛好。成了家庭主婦後，口袋裡一個月只有一點伙食費的日子，蔡蔡也有過。結婚之前男人當然都是信誓旦旦——結婚後你就不用工作了，我負責養家，你負責貌美如花。

而承諾這種東西說的時候不用繳稅，不兌現的時候又不用判刑，真是靠不住。蔡蔡是懷孕的時候結的婚，沒有辦婚禮，原本想等孩子滿週歲時一起辦，結果很快又懷了二胎，問老公什麼時候辦婚禮，老公和婆婆都是一個口徑：何必花那個冤枉錢，孩子都兩個了，省著吧。

其實蔡蔡知道老公公司生意不錯，支撐一個家沒問題。一個女人結婚沒有婚禮心裡

多少是失落的，而老公一家人的態度讓人感覺未婚先孕的自己能嫁進門，已是天大的恩賜。剛開始，老公對蔡蔡確實不錯。想到什麼好吃的、好用的都會買回家，也能按月給生活費。然而好景不長，還不到三年，他就移情別戀了。

有一次，蔡蔡看中一件連衣裙，老公卻說，你整天在家帶孩子，穿白色連衣裙給誰看？蔡蔡失落得想掉眼淚。

孩子一個人坐在客廳裡玩，不小心摔到地板上，哇哇大哭。老公氣急敗壞地吼道：「你怎麼搞的，天天在家連個孩子都照顧不好？」當時蔡蔡真的很心酸，這就是當初給自己承諾的男人，雖然他嘴裡沒有說嫌棄，但是眼裡都是厭倦和不尊重，難道這樣的日子要一直將就到老嗎？

某一次，蔡蔡無意登錄老公的手機銀行帳戶，看見一長串的帳單。他買過項鍊、香水、名牌包，還有避孕套，而這些東西都不是買給她的。

瞬間，她知道自己該做什麼了。她果斷地選擇了離婚。用蔡蔡的話說，前夫大概沒有想到一個女人下定決心會這麼果斷和不留餘地。當然他也不會知道，這一次的果斷讓一個女人難過了多少個日日夜夜。

最艱難的時候過去了，蔡蔡才三十歲而已，一切都來得及。她以前學過韓語，之後又進修了一陣子，如今在教育機構當韓語老師。戀愛方面她一點都不急，因為她現在最想擁有的是一家屬於自己的教育機構。

以結束的勇氣，換格局的提升

覺醒，從來不遲，無論是劉敏濤的四十歲，還是蔡蔡的三十歲。

今時今日，女性早已不用禁錮在世俗的條條框框裡，被動地接受社會的偏見與挑剔，被各種身分和標籤定義和要脅。

越來越多的女性認識到了打破這種世俗偏見的意義。作為獨立個體，想要擁有強大力量只需要一份結束的勇氣。

這些女性清楚地認識到，婚姻並不是女性獲得幸福的唯一途徑。當女人勇於放棄自己不想要的生活，去追尋全新的自我時，這種追尋本身就是一種格局的提升，會讓女人綻放出屬於自己的魅力，去擁抱更廣闊的人生。

LESSON 2

|才情篇|

豐盛的內心，讓人擁有燦爛自我

女人私房話

相信很多女孩和我一樣，長相普通，但從十幾歲開始，便在「變美」的路上一直跋涉。經過後天的歷練、修為和努力，有的女孩可以三十歲比十八歲的時候更美麗，四十歲比三十歲的時候更有風情。

有趣的靈魂，活出特有的光芒

美國奧克蘭大學工程學教授芭芭拉．歐克莉在著作《給大人的人生翻轉學》裡說：「每一個人都可以脫胎換骨，都可以成長為一個自己過去想像不到的人，最重要的是思維的轉換。」

深以為然。因為才情並非只有某些人可以擁有，而是所有人都能獲得。無論二十歲、三十歲還是四十歲，只要還有學習的能力，共情的能力，那麼就可以實現才情的增加，美麗的增值。

才情＝才華＋共情能力

如果你曾經以為，變美靠的只是化妝與穿戴，那麼我必須糾正你的看法：一個女人要想擁有長久的魅力，一定得靠才情來給五官增色、氣質添香。

我們接觸的女性越多，越會發現有的女人只是好看，但不耐看；有的女人初看平淡，卻令人回味無窮。這是因為她的美來自於靈魂，而非外表。當你遇到一個有趣的靈魂，定會被深深吸引，就算同為女人，也會為之著迷。

人們通常認為，「才情」和「才華」是一回事。但我以為「才情」包含「才華」，「才華」僅是「才情」眾多因素中一個構成部分。私以為才情是「有才華，有共情」。有才華的共情不是普通的共情，它是令人願意欣賞認同的高水準的共情力，是一個女人綜合素養的最高體現。

張愛玲說：「才華是女人最大的底氣。」以出眾的才智把一種興趣愛好發揮到極致，最終由量變到質變，這不僅是一種技能，更反映了一個人內在的專注力和戰勝逆境的意志力，這麼優秀的品格必然是才情的產物，它會讓一個女人持久散發動人的光芒。

賈玲是我最喜歡的女明星之一。因為女明星能如她那樣讓人舒服、敢於自黑的很少，並且她能讓自己的缺點成為特點，突破大眾審美標準，自成一種美。

賈玲的小品有口皆碑，但除了在小品上的才華，賈玲本人也特別暖心。

有一次，周深在節目中談到：從小到大沒什麼人說過喜歡他，所以他講話很小心，生怕別人不高興。來到這個節目後，他很喜歡大家，但也怕太喜歡大家了。

賈玲說：「周深，不管你多喜歡我，我都不會讓你失望的，千萬別怕太喜歡我。」

後來賈玲給大家送禮物，給周深的那份上寫著「喜歡我這件事情，請你再放肆一點」，讓人備感貼心、溫暖。

作為《王牌對王牌》節目的常駐嘉賓，賈玲不僅承包了觀眾的笑點，更憑藉高情商一次次化解了嘉賓們的尷尬。

大家都知道，姚晨是一位大嘴美女。而在節目現場，她卻被質疑嘴巴小了是整容的緣故，姚晨只能解釋說沒整容。當時的場面有點尷尬，賈玲見狀趕緊把大家的注意力引到自己這邊：「姚晨是不是在故意控制說話方式，好讓嘴巴看起來不那麼大。就跟我似的，知道自己胖所以一直側著站。」

大家瞬間被逗樂，場面再度活躍起來。這份懂得為朋友解圍的善良和隨機應變的能力，就是賈玲最高貴的品質。

有一年金鷹節新聞發佈會上，輪到她上場時，不知氣氛為何一度冷場。賈玲非但不在意，反倒樂呵呵地追問記者：「都沒有問題啊？我已經不火成這樣了？就沒點兒緋聞要問了嗎？」

透過友善的表情和直擊靈魂的「三連問」，她巧妙地緩和了現場的氣氛。

想起沈騰對賈玲的評價：「男人喜歡她，女人不嫉妒她。」單單這個評價就足以證明賈玲的高情商與好人緣。而將能做到這一點簡單歸結為她夠幽默，顯然是不準確的。這正是一個女人才情的體現——不僅有才華，還有懂得替他人考量的共情力、同理心。這些才是賈玲受大家喜愛的根本原因。

才情，是女人永遠的霓裳

知名主持人董卿曾經說：「她是我見過的女人當中最優雅的。」這裡的「她」就是演員陳數。能成為董卿眼中的優雅女神，陳數顯然是才情過人、美麗過人的。

陳數曾說過一段話：「一個人就像一支隊伍，對著自己的頭腦和心靈招兵買馬，不氣餒，有召喚，愛自由。」

這份清醒和到位的描繪，讓很多專業寫作者嘆服。的確，一個有智慧的人一定猶如一支隊伍，能不斷充實自己，帶領自己走向更好的明天。

陳數有多優秀呢？三十歲之前，她在北京舞蹈學院系統學習了芭蕾舞、古典舞、民族舞，並考入了國內頂尖的歌舞團——東方歌舞團擔任舞蹈演員，一待就是七年。在歌舞團的這些年裡，為了把舞跳得更專業，陳數堅持每天刻苦訓練功夫，不負有心人，最終她考上了中央戲劇學院表演系。

舞蹈與表演是完全不同的領域，表演經驗有限的陳數面對轉行的壓力，經常因數小時出不了作品而號啕大哭，只能在學校下足功夫苦練臺詞功底。

等到畢業，陳數已經三十歲了，這對女演員來說已經屬於沒有優勢的年齡。但陳數憑著自己對角色的深刻理解，做到了「任何年紀都可以是女演員的黃金年齡」。在佟麗婭和黃軒主演的電視劇《完美關係》中，飾演斯黛拉的陳數圈粉無數。

如今，陳數已經年過四十，到了女人最恐懼的中年。不少中年女演員總是在各大場合談論自己的中年危機，但是陳數從來不覺得自己有中年恐慌，時間反而為她沉澱出了溫潤如玉的大氣和優雅。

她在《新上海灘》中飾演的方豔芸雖不是主角，但是風姿綽約的形象驚豔了廣大觀眾，也包括圈內的製片人和導演。讓她名聲大噪的《傾城之戀》播出之後，有些苛刻的張愛玲書迷曾經點評說：「當陳數第一次在鏡頭裡出現時，那淡淡的婉約和風情就立即抓住了人的眼球，她簡直就是白流蘇本人。」

更有人曾說：「陳數之後，便再無白流蘇。」這是因為一旦投入角色，她會提前很久做功課，力爭把每一個角色演繹得讓人過目不忘。這就是專業能力的極致表現，禁得起任何嚴苛的考驗。出道至今的陳數已是華鼎獎、白玉蘭獎得主。

愛自己必先取悅自己，讓歲月留痕亦留情。

工作採訪裡的陳數卷髮紅唇，身穿剪裁合體的裙裝，眼角眉梢之間散發的是成熟女性大氣、溫婉的氣質，實在讓人著迷。她會坦言自己不夠美，但是很愛美，知道自己適合什麼，把提升自己視為一生的必修課。

儘管已多年不跳舞，但她仍保持隨時拉伸的習慣。她喜歡做瑜伽，因為瑜伽不僅塑形，而且能讓人身心平靜。

陳數已經堅持練習瑜伽二十多年了。她說：「每天我都會練習三十分鐘左右。有人說這是陳數的自律，而我想說，這是我的生活方式。」

當一件事情變成了生活的習慣，那麼就算是微不足道的小事也會在時間的涓涓細流中，匯成歲月的禮物，回饋到你身上。

披星戴月，乘風破浪。無論處於什麼年紀，都需要有風骨、有才情，才能成為那個拈花一笑看風雲的女人。陳數也好，賈玲也罷，她們都不是完美無缺的女人，但她們都活出了自己特有的光芒。

堅持學習一種技能，讓它成為你持久的優勢

美國作家費茲傑羅說：「真正的一技之長，會讓生活成功得多。」深以為然。以我個人為例，我從十五歲開始寫文章給雜誌投稿，堅持到二十七歲的時候便以寫作為生了。之後我的雜誌編輯轉行做出版，便邀請我把曾在雜誌上發表過的隨筆以一個主題集結成冊。

當時我是很激動的，因為我曾經在日記裡寫過，希望給雜誌寫稿滿五年時能出自己的第一本書。然而寫了不到兩年這個願望就實現了。後來就一路堅持到現在。很多當初一起給雜誌寫稿的朋友在雜誌市場不景氣之後停筆了，而我在寫專欄這條路上堅持深耕了十餘年，每年都按自己的進度和出版社簽約出書。

曾經有些朋友對我說：「在微信上組一個寫作群，帶領我們一塊打卡堅持吧！」說的人多了我便真的拉了一個小群，規定每天要寫一篇千字文，一週未交作業的自動退群。兩年前主動進群的夥伴有八十多個，而現在每天持續寫的人一隻手就可以數清。

當年開始寫時，大家都充滿信心說要每天堅持，而行到半途，大家逐漸放棄。有說時間不夠用的，有實在寫不出來的，有覺得自己文字沒有出版的可能性而放棄的，有發現了其他愛好的，總之堅持者寥寥無幾。

我們都知道水滴石穿、愚公移山，我們都相信積累的力量，相信大多數事情凡是賦予時間，必能有所成就。然而在現實生活中，真正能堅持做一件事的人還是太少了，這就是為什麼很多人知道一堆道理還是過得很糟糕，甚至一事無成的原因。成功之路沒有一條是可以快速直達的。

我不是最好的，也並不是很紅的作家，但我引以為傲的是自己一直在寫，也一直喜歡用文字去表達，我願意一直寫到八十歲。當你心裡有理想，那麼先付諸行動吧，堅持久了，才有實現的可能。重複是一件乏味卻也有趣的事情，但當這件事情成為你的信仰，信仰產生強大的執行力會帶來你要的樂趣。

微博上有一個帖子：「十年了，你還在堅持什麼?如果能回到十年前，你會對自己說什麼呢？」雖然只是短短的幾句話，可是卻引起了很多網友的討論。

令我印象深刻的是這兩條。

一位說：「十年了，我依然堅持著我的園藝之路，並且擁有了自己的花園工作室。記得在十年前，我為了自己所喜愛的專業不惜和家人鬧翻，因為家裡不能理解一個花季少女要放棄工作去學園藝，去侍弄花花草草。現在我一點都不後悔那時的決定。如果能回到十年前，我會堅定地告訴自己：你的堅持是沒錯的，記住，不要為別人放棄自己的堅持。」

另一位說：「十年了，我曾經學過吉他，也曾經學過舞蹈，而且還心血來潮地學過繪畫，可是卻沒有一樣堅持下來。現在的我在一家公司裡過著朝九晚五的生活，每到尾牙表演我都羨慕那些可以在臺上跳舞、彈吉他的同事。如果我能回到十年前，我一定會告訴當時的自己，無論是繪畫、舞蹈還是吉他，我不奢望能把三樣都堅持下來，但只要能堅持一樣，我相信人生就不會像現在這樣無趣。」

不知道大家看了上面這兩條回答，心裡是怎麼樣想的呢？

我覺得，十年不晚。如果你還在堅持，那麼請感謝從前的自己沒有放棄。如果你還不知道想學什麼，也可以現在開始學習一個技能，比如一個語言、烘焙、花藝、理財課程、練好一手字……總有些事情你是可以去學的。在宣稱贏在起跑線的年代，先出發一定存在優勢，因為時間可以將後知後覺者甩出一大截。

當你一直對自己有要求，堅持學一個技能，它早晚會成為你持久的優勢。當你堅持的時間足夠長則可以不用計較出發的早晚，十年二十年後的你會感謝自己今天的決定。

因為技能不僅可以讓靈魂變得有趣，還不知道在什麼時候會給你帶來好的機遇，讓你脫胎換骨。

女人私房話

汪曾祺的《人間草木》裡有一句話：「一定要愛點什麼，恰似草木對光陰的鍾情。」掩卷一想：愛什麼最好呢？還是愛書吧。畢竟再沒有什麼比書更包羅萬象，有助於增長你智慧的了。

讀萬卷書和行萬里路缺一不可

我始終認為讀書不是一件了不起的事情，只是一個很好的生活習慣。我把它與喝水、聽歌、賞花這些細微而令人愉悅的事情都歸納為生活的一部分。是慰藉人身心的好方式，與我的日常深切地黏合在一起，難以分割。

讀萬卷書，不僅是讀書本中的知識，更是體驗不同作者筆下的世態人情、明月清風。你想要的更好的人生，一定是個不斷汲取養分，完善自我的過程。

每個女人都應該行萬里路，不只是去看看風景、拍一些美照，更是希望遇到不一樣的人、聽到不一樣的故事、看到不一樣的風物。因為唯有走出去，你才會發現人生大不同。宇宙的盡頭原來不在鐵嶺，不在你的一畝三分地。

你多久沒有看一本書了呢？

少女時期的楊絳就已經深知讀書的重要性。一次她的父親問她：「三天不讓你看書，你會怎麼樣？」楊絳回答：「不好過。」

父親又問：「一星期不讓你看呢？」楊絳說：「一星期都白活了。」

後來愛書的楊絳對於看書，打過惟妙惟肖的比喻。她把讀書比作「隱身」的串門——即去參見欽佩的老師或拜謁有名的學者，不必事前打招呼求見，也不怕攪擾主人。翻開書面就闖進大門，翻過幾頁就登堂入室，而且可以經常去、時刻去。如果不得要領，還可以不辭而別，或者另找高明，和他對質。

這應該是我看過對閱讀最形象的比喻了。也唯有愛書到骨子裡的人才會有這樣情真意切的感悟！

這世上比不看書更可怕的，就是你覺得不愛閱讀是理所當然。當一個人把不求上進當作不努力的藉口，大概真會成為井底之蛙，故步自封一輩子了。

東漢末年有個叫董遇的人，是當時非常著名的儒學大師。董遇之所以能夠成為大知識份子，與他善於充分利用閒暇時間是分不開的。

有人問董遇：「你是怎麼讀書的？」

董遇回答：「我遇到讀不懂的書，就反覆地看，反覆地讀。」

這個人繼續問：「反覆讀一本書，哪有那麼多時間呢？」

董遇說：「那就利用『三餘』的時間。」

旁人好奇地問：「什麼是『三餘』的時間？」

董遇說：「冬者歲之餘，夜者日之餘，陰雨者時之餘也。」董遇的所謂「三餘」讀書法，意思是冬天是一年中最閒暇的時間，晚上是一天中最閒暇的時間，陰雨天是四時最閒暇的時間，而在這些閒暇時間做什麼好呢？他都用來看書做學問了。

東漢興平年間，關中大亂，董遇家生活非常艱難，他常隨哥哥去山上砍柴。董遇去砍柴時隨身都會帶著書本，在閒置時間看。雖然經常被周圍的人取笑，但董遇依然故我，終於成為名留史冊的儒學大師，而那些嘲笑他的人卻淹沒在了歷史的塵埃裡。

請你靜下心來回想一下，自己已經多久沒有看過一本書了。如果你認為在手機上接收碎片資訊也是一種閱讀，那麼你必須認識到，你已經墮落了。因為成年人閱讀的意義應該是一種生活習慣，是為了讓自己內心有一片樂園，更是為開闊視野，同時懂得如何實現自己的人生價值。

閱讀的意義是開闊視野，實現自己的人生價值

看過第五季《奇葩說》的人，大概都會喜歡詹青雲這位畢業於哈佛大學的辯手。《秒懂百科》這樣描述她：「平和語氣裡透著的縝密思維，堅定眼神下的強大氣場，附之溫柔但又準確的反擊，讓人對犀利的辯論有了不一樣的理解。」

「你無法想像她到底讀過多少書！」、「生女當如詹青雲。」這是很多人對知性、低調、隨和，開口卻永遠有理有據、波瀾不驚的詹青雲的肯定。

在《奇葩說》中詹青雲與陳銘之間的「對辯」和「抬槓」，是大家反覆品味的片段。他們從知識共用談到智慧晶片，從克耳文熱力學談到真理，又從量子力學談到知識壟斷，在一分多鐘的時間裡從他們嘴裡飛出的每一個字都閃耀著知識的光芒。

在辯論「忘情水該不該喝」的時候，她從《西線無戰事》說到《愛在瘟疫蔓延時》，再到《美麗新世界》，旁徵博引，一氣呵成。最後，她動情地說：「那曾使我悲傷過的一切，也是我熱愛過的一切。」這段辯詞撥動了所有人的心弦。

這就是詹青雲身上閃耀的智慧。她的動人之處不僅是龐博的學識，更是在理性裡疊夾著的無限深情與熱愛、宏觀而又細膩的情感。

在《我害怕閱讀的人》一文中，有句話是這樣的：「我害怕閱讀的人，當他們閱讀時，臉就藏匿在書後面。書一放下，就以貴族王者的形象在我面前閃耀，舉手投足都是自在風采。」

詹青雲本科就讀於香港中文大學，後又獲哈佛大學法學博士。這位專業過硬的哈佛才女在面對選擇工作時這樣說：「就像我當律師，可以選擇那些高薪的工作，去給那些大公司打反壟斷動輒幾十個億的官司，也可以選擇去給普通農民工提供一點法律諮詢。我們這個社會從來不缺願意為了高薪去打很貴官司的人，大把的人擠破頭要去做那樣的工作；而一個人願意放棄這一切，去為普通人提供一點幫助，難道連你我的一句鼓勵都得不到嗎？我願意做這樣的選擇，因為我不想做一個被挑選的人，我想做一個被需要的人。」

初聽這番話，我內心翻騰的是諸葛亮的「志當存高遠」，是杜荀鶴的「男兒出門志，不獨為謀身」。並非過分讚揚詹青雲，但同是一份安身立命的工作，「兼濟天下」總比「獨善其身」有擔當。

詹青雲一路向上的求學之旅，也是一路開闊視野的閱讀之旅。

可以說詹青雲身上最打動人心的正是那讀書人特有的樣子，她總能把自己的小經歷共情到一個大環境中，讓我們明白人不是單獨的個體，都應該在有能力的時候為社會做點什麼。

命運讓她生得平凡，是讀書讓她看到了更廣闊的世界，活出了一個有智慧的知識女性的風姿。

♡ 旅途的意義在於坦然應對未知

關於旅行每個人都有自己的見解，有的人想見識山河壯美，有的人想逛逛異國他鄉，有的人想在旅途中遇見對的人……理由有千萬種，但初心都是想去看看詩和遠方。

旅行不僅是說走就走的自由，也未必一定要跨越千山萬水，旅途的真正意義在於期待未知的驚喜，也坦然接受可能會發生的不如意。

提到旅行，我第一個想到的人是演員張鈞甯。她的光環很多，比如「臺灣第一氣質美女」、「女學霸高才生」。她在綜藝節目裡展現了各種各樣的技能，愛運動、愛旅行，很自律、不怕苦、不怕累。她氣質獨特，時而淡如幽蘭，時而烈如鬱金香，總給人溫暖、堅定和樂觀的印象。三十八歲的她至今獨身，活出了超級精彩的自我。

張鈞甯的旅行並不是為了自拍美圖、發朋友圈，而是列有目標，她會列出自己要挑戰的事，這些事都是需要勇氣和堅持才能達成的。

後來，旅行成為了她生活的一部分。她去西藏爬山，和同伴在海拔五千二百米高的地方轉山，一天之內經歷四季的變化，整整三天風餐露宿徒步走完五十四公里卻不覺得辛苦，反而因自己擁有得太多而感到很知足。她說：「我不是在轉山，而是在轉心，好多好多感恩的心。」她這一趟旅行尋求的是內心的平和與自省。

去外蒙古旅行，是因為她想去看看自己資助的第一個蒙古小女孩。當她望著面前瘦弱的小女孩時，她有一種陌生而熟悉的感覺，一時不知道說什麼好，只希望這個女孩可以好好上學，將來可以有不一樣的人生。當然也會有悠閒的旅行，比如去海邊漫步，帶著媽媽去日本泡溫泉——因為媽媽喜歡。

二〇一八年，張鈞甯參加了探索類紀實真人秀《跟著貝爾去冒險》，她在節目裡呈現的狀態一看就是經常獨自旅行、進行戶外挑戰的人。那種真實的探險，挑戰味蕾、挑戰體力、更挑戰勇氣，對此張鈞甯完全開啟了「耍狠模式」，燃起了挑戰熱情。

面對節目中的第一個項目攀岩，沒有人敢第一個出發，是她毫不猶豫地衝鋒在前，乾淨俐落地完成了任務。此外，面對從直升機上往下跳水等各種高難度挑戰，張鈞甯都完成得很漂亮。有一次不小心摔了一跤，滿嘴都是血，她卻依然笑稱沒關係。

在我看來，正是那些敢於探索的旅途，給了她不矯揉的勇敢的心。那些越過山丘後留在臉上的污泥、風餐露宿後留在身上的傷，讓張鈞甯有了一種堅定無畏的美。

她說，未來還想去看北極光、動物大遷徙，想去尼羅河看古文明……為了那些遠方，她會珍惜每一個當下，好好工作，好好健身，認真生活。

旅行的意義也就是這樣吧——不僅是欣賞美景，更是一種風來吹風、雨來看雨的精神。體驗不曾體驗的整個過程才是人生最寶貴的財富。

旅程是我們認知大千世界的路程。也許你走過北京的天橋和胡同，也看過水上威尼斯和布拉格廣場的夜晚，但要問最喜歡哪裡的景色，我想，你一定會回答「最好的景色在遠方」。

女人私房話

女人的才情，是才華和共情的綜合體現。才華中當然包含能力，它是女人向內在力量求索的表現，是她一切魅力的源頭。

黑格爾說：「一個深廣的心靈總是把興趣的領域推廣到無數事物上去」。

古往今來，那些詩詞大家、文學泰斗總是毫不吝嗇用最優美的詩詞來讚美人的能力。李白鬥酒詩百篇，所以放言「天生我材必有用，千金散盡還復來」。毛澤東在《沁園春・長沙》裡感嘆：「恰同學少年，風華正茂；書生意氣，揮斥方遒。指點江山，激揚文字，糞土當年萬戶侯。曾記否，到中流擊水，浪遏飛舟？」

能力，可以將一手爛牌打成好牌

相信我，你的閒暇時光蘊藏著你的無限可能。因為這一點堅持，你的生活會向陽而行，會逐漸變得不一樣。

將興趣提升為能力，讓生活向陽而行

如果說興趣是做好一件事情的原動力，那麼能力則是做好一件事情的基礎。然而興趣如果不提高，則不足以成為我們傍身的能力、養活自己的本領。

許多人都有這樣的體驗：因為看到身邊某個人的健身效果，就興沖沖地去學游泳、跑馬拉松；因為吃了同事做的點心，就興沖沖地去學做蛋糕；因為羨慕朋友的攝影技術，就去報名攝影課程……但最終，多數人會因為「一看就會、一學就廢」而放棄。

興趣也許只是一時衝動，但能力之所以成為能力，必然是要花苦功夫的。郎朗不是生來就能把鋼琴彈得行雲流水、達到世界一流水準的。在很多採訪中他說過，自己沒有真正的童年，童年時光基本上都是在練琴、考級、拜師、參加比賽的路上。

美國電影《美味關係》（*Julie&Julia*）講述了兩個女人平凡的生活因為對美食的興趣而變得徹底不同。影片中，她們是出生在不同年代、不同地域的兩個人，甚至一生都沒有見過面。但茱莉亞對美食的執著與熱愛，及其健康幸福的家庭生活感染了茱莉，無形中成為她能力進步的指路人。在茱莉亞改變世界之前，她只是一個生活在法國的平凡的美國女人，最大的愛好就是「吃」。就像所有因為衝動而產生興趣的人一樣，她反問自己：「為什麼我不能去專業的烹飪學校學習做菜？」

於是，在被一群法國男人「霸佔」的廚房中，茱莉亞這個外鄉女人開始嘗試製作傳統法國大餐。最終她獲得了成功，並將自己的經驗集結成一本厚厚的《掌握法國菜的烹飪藝術》（*Mastering the Art of French Cooking*）出版。

茱莉則是美國政府的一位普通職員，在其乏善可陳的工作中，她感到無聊與力不從心。她面對著三十而立的焦慮，特別是身邊的朋友一個個在職場上如魚得水，而自己彷彿一直在原地踏步，這讓她有些自卑。茱莉不知道到底有什麼能力可以讓自己更出色，似乎從小到大她都沒有什麼堅持做成的事情，於是她下定決心，一定要做些什麼來為自己的生活添一點色彩。

因為喜歡茱莉亞的美食書，她選擇了美食烹飪，用三百六十五天完成《掌握法國菜的烹飪藝術》中的三百二十四份食譜，並堅持分享在自己的部落格上。

這是兩個女人軌跡融合的開始。茱莉以美食烹飪為媒介，逐漸深入茱莉亞的生活中，探尋她的一切習慣與愛好，並將其與自己的生活進行對比。

她在自己的部落格分享：「我一直在對比茱莉亞和我的生活，她是一個在政府工作的秘書，我也是。我們都嫁給了一個非常好的男人，我們都曾迷失，又都因為美食而重新點燃生活的希望。我們有不少相同的地方，但我並不是茱莉亞。茱莉亞永遠不會因為燒壞了東西、做壞了飯或打碎了盤子就發脾氣。」

一個人將興趣堅持下來，就是能力的提升。即使做得不好，也不要氣餒，默默再做就是。在完成一年烹飪目標的同時，她也一步步改變自己的生活方式，反思自己的生活態度。她看清了自己理想中女人的模樣：永遠樂觀，永遠有追求，有能力將熱愛的事做好，從不妥協，從不放棄。

與此同時，她理解了婚姻的意義，深悟到了愛人對自己的重要性。

她對丈夫告白道：「艾瑞克，沒有你的支持，我永遠也不會有今天，就像保羅說給茱莉亞的那句話一樣——你是我生命中的氧氣，是那個最重要的人。」

她像茱莉亞一樣，有了可以傍身的能力，重新找到了自己熱愛的事業，並在堅守的過程中實現了自己的夢想：她也出版了自己的書籍，搬離了原來小小的閣樓住上了新房。茱莉的書還被拍成了電影。

如果你的生活陷入舒適區，或者學業沒有進步，工作沒有起色，家庭生活沒有想像中那般美好……不妨為自己培養一個適合自己去挑戰和突破的能力。

相信我，你的閒暇時光蘊藏著你的無限可能。因為這一點堅持，你的生活會向陽而行，會逐漸變得不一樣。

「而立」是一種立志的態度，無關年齡

而立不僅是年齡，而是一種立下志向的態度。無論身處哪個年齡段，做一個心裡有理想、有志向的女人，就是一個可以獨立自主、有成就的女人。

二〇二〇年，因為新型冠狀病毒疫情的影響，很多公司不景氣，大量裁員。我認識一個三十七歲的包裝設計師，她所在的公司因為進出口貿易資金鏈斷裂，老闆跑路，被欠下的三個月工資也要不回來了。三十七歲的女人，還要跟應屆畢業生一樣去擠公車、搭地鐵、跑人才市場。而她的家裡還有剛上初中的女兒和收入不穩定的丈夫。

後來，她憑藉自己優秀的色彩感設計出了環保又實用的禮品袋，跟一家公益機構談合作時，對方說自己缺乏資金成本，但是可以給她相應的媒體宣傳機會，問她介不介意只收成本費。雖然進帳不多還貼了時間成本，但是朋友欣然同意，因為她覺得這個公益活動是為了募集留守兒童的午餐費而舉辦的，自己可以盡一分力是很榮幸的。意想不到的是，她設計的環保包裝袋得到了大家的認同，甚至有人為了得到包裝袋而特地來參加公益活動。

於是有客戶透過公益機構找到她，一口氣訂了一千份包裝袋做中秋節禮盒。一個有能力的女人就這樣憑藉能力贏得了人到中年的第一個大訂單。她克服萬難，自己成立了一家工作室，還邀請了之前的同事一起創業。

這一切都得益於她對包裝設計的熱愛。十多年來，她充分利用上下班時間在電腦上繪圖，遇到好看的禮品袋會研究半天。她從來沒有忘記自己喜歡的是什麼，並且打造了自己的核心競爭力。

李子柒是當紅的美食博主，她的影片火紅顯然不是靠幸運，而是靠堅持。

最初，李子柒只是一個因為家裡拮据而從農村出來的打工妹，做過服務員等多種職業，因為奶奶病重需要人照顧又回到了農村。農村的生活節奏是緩慢的，除了照顧奶奶，如果不是播種季節，閒暇時光很長。閒暇之中，她會透過手機看各種短片，漸漸地心裡萌生了試一試的想法。因為沒有任何的拍攝和剪輯功底，她便到網路上找各種剪輯和拍攝影片反覆觀看，堅持學習。

開始時李子柒上傳了幾十個影片，因為是手機拍攝，剪輯一般，畫面也有些模糊，按讚數寥寥無幾。但李子柒沒有放棄，她專門去向「美拍」特效影片的製作人請教，還在別人的建議下省吃儉用換了個單眼相機，堅持把每天遇到的喜歡的和有價值的東西隨手拍攝下來。

為了學習一門非物質文化遺產手藝，她會查閱上百份相關資料，並把看到的資料一一記錄下來。為了學習木活字印刷術，她花了三個多月的時間練習寫反字。李子柒的爺爺是村裡的鄉廚，善於做農活，還會編製竹器。李子柒一有空就會幫爺爺打下手，耳濡目染加上平時的積累，她也成了一個巧手姑娘，這為她以後拍攝短片積累了素材。

一年半後，她的影片比之前靈活趣味了許多。這個時代浮躁的人太多，能夠慢慢打磨自己、慢慢打磨產品的人很少，所以能夠成功的人更少。

為了製作出正宗的蘭州牛肉麵，李子柒專程找到甘肅的拉麵師傅學習，並練習了一個多月的揉麵、拉麵，每天拉麵拉到胳膊發痠。因為這份凡事認真、堅持的心態，後來她做蘭州拉麵的影片一舉成功，全網點擊量達到了五千多萬。因為大家看到不是作秀的鏡頭——鏡頭中的李子柒有條不紊地操作，每一個動作都熟練而優美，而這些都是時間沉澱的成果。

她的這些積澱也都呈現在了拍攝的影片裡——不做作、不矯情，做事穩重，給人一種特別樸實和踏實的感覺。不是所有女人都嚮往愛馬仕和卡地亞，還有一種女人喜歡這樣浮雲野水的生活——抬頭見星辰，低頭編竹簍。所以看她的每一支影片享受到的不僅是美食，還有影片背後流淌出來的那份寧靜。

李子柒曾說：「你們羨慕的生活技能，或許是別人的求生技能。」就是這份對「求生技能」的熱愛與堅持，才使得一個影片即使沒有一句旁白，也能讓人安靜地看下去。

社會心理學家卡蘿・杜維克在《心態致勝》（*Mindset*）中說過這樣一句話，成長型思維模式確實會讓人們愛上自己做的事——即使面對困難，也會繼續堅持。希望我們都有這樣終身成長、堅持學習的信念。

克服起初那一點點怠慢，一旦進入某種狀態，能力就會噴發，終有一日，你會與那個明媚的自己相遇。

善用時間的人，會實現「興趣到能力」的飛躍

每個人的時間都有限，能好好利用時間的人，往往都是能力提升很快的人。

有句話叫作：功夫在八小時之外。你利用閒置時間堅持做的事情，才會在後來真正拉開你與同齡人間的距離。

哪怕從最平常的事情開始努力，長期堅持也能有所收穫。如果你愛吃吃喝喝，每天都能更新美食資訊，或者你會成為一名人氣很高的美食博主；如果你熱愛美妝購物，且能持續輸出購物資訊、美妝心得等，堅持下來也許會成為一名美妝達人。

每個女人的身體裡都潛藏著無限可能，只是在等待你去開發。多擠出一些時間做你想做的事，日復一日，時間會給你最好的獎賞。

愛因斯坦說：「人的差異在於業餘時間」。

所以，「你的時間用在哪裡，明天就會成為什麼樣的人。」這句話雖然老土，但是沒毛病。

女人私房話

人通常會因外在形象給別人留下一個特定的第一印象，比如俏黃蓉、憨郭靖、神仙姐姐小龍女等。我們認識一個人是需要過程的，從看見、判斷、到形成印象。用最直接的「看到」來完成認知，這是人的本性。因此，相由心生是最直接、最簡單、成本最低的判斷一個人是否值得交往和信任的方法。

如果你的外表乾淨整潔，起碼說明你生活有條理。如果你的身材保持得不錯，起碼說明你生活有規律。如果你能談笑風生、舉止大方，說明你性格開朗，願意與人親近。所以相由心生並不是只看五官，而是透過整體外表去看見你的內在氣質和品質。

相由心生，給予內心多一些養分

人的容貌與性格之間是有所關聯的。曹雪芹筆下多愁多病的黛玉「兩彎似蹙非蹙罥煙眉，一雙似喜非喜含情目」，精明強幹的探春則是「俊眼修眉，顧盼神飛」。

憂鬱的人眉頭緊蹙，寬厚的人眼神溫和，自信的人愛笑，自然嘴角上翹。一個人的言行舉止會隱密地反映我們的內心世界。

王爾德在小說《格雷的畫像》中寫道：「當你年齡漸長時，你的容貌會比你年輕時更能準確地反映出你的性格。」

從青春期到三十歲時，女性的魅力多與身材、長相有關；而三十歲之後，直至四十歲、五十歲時，那些愛惜自己，不斷給自己輸入新知識，且為人善良、生活有趣味的女人，更容易成為大家眼中有魅力的女人，也會被認為是歲月從不敗美人的典範。但其中一部分女人實際上在青春期時並不出眾，而因為一路走來自我認知不斷煥新，年長時反而比年少時更加美麗。

因此，若是你希望帶給人積極正面的感覺，那麼你所要做的不僅是外表上的提升，更重要的是給予自己內心層面的給養。

養成平和的好心態，與昂揚的好狀態

人生是一場沒有彩排的直播，很多時候說錯的話，是潑出去的水，沒有反悔的機會，所以任何時候都不要小看才情（才華、共情力）。都什麼年月了，如果你還在以「直腸子、沒心機」等為自己不會說話找藉口，真的沒人會相信，對你的印象只會是沒素質、沒有同理心，默默地就把你劃入了不宜深交的黑名單了。

小媛是我以前合作專案公司的聯絡窗口，初次接觸她時感覺這是個如水般溫柔的女孩，面容瑩白透亮，唇角揚著微笑狀態讓人看得特別舒服。

有段時間，公司的重要業務全部堆積在一起，全公司的人都在挑燈加班，而小組負責人芬芬家裡老人的身體卻在此時出了問題。小媛聽到了主動說：「芬姐，這裡我來負責。你快回家帶人上醫院吧！」

忙中出錯，小媛在項目交接時出了紕漏。總經理當著全公司人的面責問小媛的工作過失，並且大聲喝斥：「沒那個本事就早點走人，公司不養閒人。」當時的小媛臉漲得通紅，眼淚止不住地流，但她並沒有多解釋。剛剛被總經理責罵過的她，跑到洗手間洗去滿臉淚痕之後，立刻回到了工作崗位，繼續處理那個專案的問題。

雖然出了插曲，但是所幸項目最終如期完成，並沒有給公司帶來任何損失。後來在小媛的耐心查詢下，發現交接錯誤是甲方公司造成的，與她和她所在的小組無關。

事後不久，公司要提拔中階，芬芬作為高階主管推舉了小媛，小媛被提升為市場部經理。心高氣傲的總經理更是在公司開會的時候，難得地讚揚了小媛沉得住氣、主動承擔責任、積極解決問題的工作方式。

試想一下，若是你面對上司的誤解與非議，是否能穩定住自己的情緒，並能迅速調整心態，重新投入到工作之中？你是自己情緒的主人，還是任由情緒操控自己？

在後來與小媛的接觸中我發現，她能鶴立雞群、優於常人正是憑藉自己不被繁雜瑣事打擾的好心態。任何時候，她都能沉穩自如，不會受瑣事或者情緒干擾而做出偏離正確軌道的事情。即使有悲傷、喜悅、痛楚、無聊，小媛也不會讓自己長期沉湎其中。在激烈的職場競爭中，她永遠保持昂揚的精神狀態。

懂進退不爭辯，積攢自立路上「經驗值」

一個人表面呈現的美好，不過是她內在修養的體現。懂得進退不爭辯，正是一個心胸寬廣之人的標誌。

十五歲的張幼儀奉父母之命嫁給了多情才子徐志摩，可是和徐志摩七年的婚姻對她來說不是幸福，而是無盡的痛苦。婚後的張幼儀與徐志摩聚少離多，即使在難得的相聚時間裡，徐志摩對她也是懶得溝通、懶得交流，他嫌棄張幼儀土氣，對她冷暴力，在張幼儀懷了二胎後還逼迫她打胎。

張幼儀曾說：「有人因為打胎而死。」徐志摩冷漠地回答：「還有人因為火車肇事死掉，難道你看到人家不坐火車了嗎？」

聽聽這話有多傷人？按如今的話來說也是個「渣男」了。徐志摩從來不肯把他的浪漫和溫柔分給張幼儀一點。張幼儀在德國生下二兒子彼得之後，徐志摩追到柏林逼她離婚，原因自私到可笑——他要去追求另一個女人林徽因。

這時的張幼儀不知道內心有多煎熬：丈夫婚內愛上了別人，還理直氣壯逼自己離婚，此時二兒子剛剛出世，無人照顧，自己在國外語言不通，也沒人照料。但張幼儀卻沒有爭吵，答應了給徐志摩自由，成為中國歷史上依據《民法》的第一樁西式文明離婚案的女主角。可以說張幼儀一生中的不幸，幾乎都與她的第一任丈夫徐志摩有關。

由於經濟拮据，營養跟不上，張幼儀沒有母乳，為了省錢買的牛奶也不太衛生。小兒子因此感染寄生蟲，不久就夭折了。

面對所托非人的不公，張幼儀選擇了不抱怨，退一步堅強面對。但對今後的歲月，她卻有了清醒的認知。她要學習，要成為一個獨立的、可以掌握自己命運的人。她揣好破碎的心，重新去學校讀書，在二哥的鼓勵下經營銀行，獨自撫養兒子，甚至在離婚後還幫助手頭拮据的徐志摩料理了家裡老人的後事。

一個曾經被丈夫嫌棄「土氣」的前妻，從未惡言相向，還多次對丈夫雪中送炭，足見張幼儀的氣度與涵養。

那些流過的淚、吃過的虧，反而成了她勇往直前、自強不息道路上的「經驗值」。我們這一生傾其所有，兜兜轉轉不就是為了成就更好的自己嗎？

所謂「進一步有進一步的歡喜，退一步有退一步的從容」。你的一言一行，體現的是你靈魂的模樣。願意放過他人，某種意義上就是成全自己的一片碧海與藍天。

優雅和教養，是一個女人永遠的財富

阿志和女朋友漫漫是在一次聚會時認識的。漫漫的長相、身材都不算出眾，卻因為幾件小事讓阿志瞬間心動了。

阿志說漫漫當時正和閨密一起吃冰糖葫蘆，吃完後，她將兩根籤子折斷，用紙巾包起來後才扔到了垃圾桶裡。用餐時，不管是服務員過來點單還是上菜，漫漫都會認真地道謝。

相比於其他桌子上堆滿紙巾和渣滓、宛如災難現場，漫漫這桌卻十分整潔——因為她在走之前將桌面清理了一下，用餐巾紙把桌上的污垢擦去。服務員向她們說「謝謝光臨，請慢走」時，漫漫微笑著朝她們點了點頭。阿志說：「她向服務員微笑和道謝時的樣子，很迷人。」

如今六個年頭過去了，他們一直很幸福。因為這樣一個處處為他人著想的女人，家裡老人喜歡，公司同事欣賞。有人品作背書，一切都是越來越好。

有些行為和語言，沒有人或法律規定你一定要這樣做或者那樣說。你可以選擇不做、不說，但當你做了、說了，你便比別人多了一份優雅與教養，而這份優雅和教養是一個女人永遠的財富。

看過文學紀錄片《掬水月在手》的人，一定會被中國古典文學專家葉嘉瑩深深打動。她一生致力於古典詩詞的教學與寫作，被譽為「白髮的先生」、「詩詞的女兒」。

葉嘉瑩並沒有「錦鯉」一樣的人生，反而是命運多舛。十七歲的葉嘉瑩便經歷了與母親死別生離的痛苦。在《朗讀者》節目上，她回顧往事說曾在那個年齡寫下《哭母詩》，字字泣血：「瞻依猶是舊容顏，喚母千回總不還。淒絕臨棺無一語，漫將修短破天慳。」看著這詩句，再沒有什麼痛苦能痛過釘子釘進棺木的聲音。

二十二歲那年，葉嘉瑩經老師介紹認識了趙東蓀——一個不愛詩詞，偏好政治的男人，當時在海軍服務。不久兩人在上海結婚，後來隨丈夫前往臺灣，誰知一去故土便是流離多年。丈夫以「莫須有」罪名入獄，她也被牽連其中，攜帶尚未斷奶的女兒一同入獄。出獄後，她無家可歸，暫住親戚家。夜裡她就鋪一條毯子，和女兒睡在走廊的地上；白天，她就抱著女兒到外面的樹蔭下轉悠，以免孩子吵鬧影響到親戚的生活。

在那樣艱難的環境下，替他人著想且淡然處之是一種高貴的品質。後來丈夫出獄了，但經常失業，脾氣變得暴躁，若是互相吵鬧這日子就過不下去了。所幸她還有詩詞相伴，憑著自己過硬的專業，葉嘉瑩終於迎來了事業的轉機，她被邀請赴美國密西根大學、哈佛大學講學。借她之言，讓更多的人照見了古詩詞之美。生活總算是安定下來了，但年過半百的葉嘉瑩卻又遭遇了不幸——她的大女兒新婚不久便與女婿出了車禍，同時去世。哭過之後，她依然到處講學。一九七八年，葉嘉瑩回到中國教書育人，最終選擇定居南開大學。

中國前總理溫家寶曾在她九十歲生日時發來賀詞，讚譽葉嘉瑩：「心靈純淨，志向高尚，詩作給人力量，多難、真實和審美的一生將教育後人。」而葉嘉瑩自己說：她只是想把自己體會到的古詩詞世界的美好與高潔帶給更多年輕人，讓不懂詩詞的人也進入這個美好的世界。

葉嘉瑩最近一次公開露面是在二〇二〇年九月，九十六歲的她給南開大學新生講開學第一課。坐在輪椅上中氣十足的她，還調侃自己的頭髮竟變黑了一些。這份從不聲張卻融於內在的樂觀深深感染了她身旁的每一個人。

素養是一個女人剝離了外表之後的表現，是放在浩瀚人群裡也能一眼分辨出的氣場，是靈魂真實的樣子——芬芳，雋永。

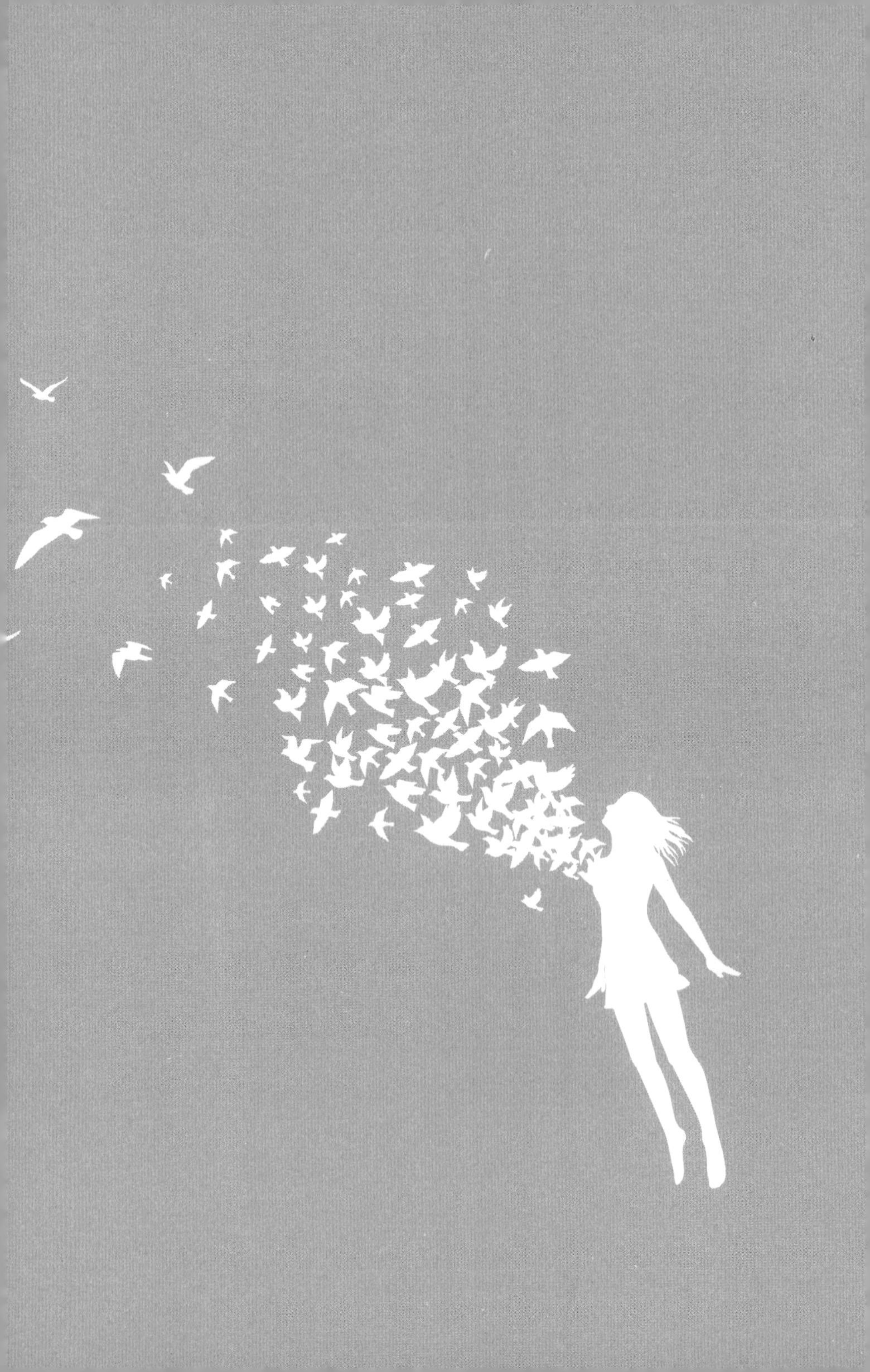

LESSON

3

｜品格篇｜

品行的養成，
奠定你前路的長度

女人私房話

最值得敬佩的是這樣的女性——能夠遇苦吃苦、遇歡接歡、遇雨撐傘、遇雪掃雪，生命的底色始終是彩色的，用內在的陽光抵擋迎面的風霜，終會收穫屬於自己的晴好明天。

不感謝苦難，但要跨過苦難

多數人事業剛起步還達不到成功級別的時候，總會有那麼一段時間是比較清貧、寂寞的。這時候需要一種耐得住寂寞的品格。

倘若這段時間堅持下去了，以後將會柳暗花明；倘若這段時間消沉頹廢了，一輩子也就難有大出息了。

跨越過去的苦難，才能擁有今日的肯定

蔡文姬是三國時代名士蔡邕的女兒，身為名門才女，但一生卻是顛沛流離，被認為是歷史上吃得苦中苦的女性第一人。

蔡文姬第一任丈夫名叫衛仲道，是位和她年齡相仿的青年才俊。但天有不測風雲，蔡文姬和丈夫恩愛生活了還不到一年，衛仲道便因偶感風寒，咯血而死。

她的父親不久也因董卓之亂被司徒王允殺死。後來關中地區又發生了李傕、郭汜的

大混戰，長安百姓到處逃難。那時候，匈奴兵趁火打劫，擄掠百姓。蔡文姬在流亡途中碰上匈奴兵，被他們擄走了。匈奴兵見她長得貌美，就把她獻給了匈奴的左賢王。於是她在無親無故的匈奴一待就是十二年。這十二年真是歲月長衣裳薄，望斷天涯心難安。蔡文姬在這樣的環境中卻沒有沉淪，用至情至性的心路歷程寫成了驚豔世人的《胡笳十八拍》。

等到匈奴跟漢朝的關係緩和一些時，曹操想起他的故友蔡邕還有一個女兒留在匈奴，就派使者到匈奴把她接了回來，並自作主張給她找了一個丈夫董祀。

董祀覺得蔡文姬嫁過人，又美貌不再，基本就是把她當空氣，只是礙於曹操的面子不敢休了她。蔡文姬卻從不抱怨，直到有一天董祀犯了法，被曹操的手下抓了去，判了死罪，眼看快要執行了，蔡文姬不計前嫌跑到曹操那裡去求情。曹操念及蔡文姬對丈夫的情意，寬恕了董祀。

這讓董祀看到了蔡文姬的度量與膽識，從此對她敬重有加。這真應了一句老話：「守得雲開見月明」。蔡文姬用自己的大智大勇最終贏得了董祀的愛情。從此以後，董祀感念妻子的包容與大氣，洗心革面開始做一個好丈夫，和蔡文姬隱居山水間，過著男耕女織、生兒育女、對酒高歌的日子，頗有神仙眷侶的風範。

也許這世間的確有這樣一群女性，造物主賜予她們非常人所能承受的深重苦難，就是為了激發她靈魂深處的力量，讓她展現出暗藏在體內的璀璨光芒。

琳琳是一家時尚雜誌社的編輯，每天化著精緻的妝容，鮮衣怒馬地生活。但天有不測風雲，在一次急匆匆趕去一個明星發佈會的途中，一輛轎車撞上了她。

她醒來時覺得自己睡了好久，口渴了想坐起來喝點水，忽然發現自己的腿不能動彈，原來她的腿骨嚴重骨折，脊椎也嚴重受傷。

二十四歲是一個女孩最好的青春時光。她躺在病床上，大腦一片空白，未來如同一個巨大的空洞，使她在恐懼中無力掙扎。在她最需要支援、安慰的時候，那個說過會照顧她一輩子的男朋友在一次探望之後，消失得無影無蹤。

幸好父母是她最堅強的依靠，一直開導她不要放棄，鼓勵她按時做康復訓練一定會好起來。爸爸還給她講了一個故事：有一隻小猴子，肚皮被樹枝劃傷了，流了好多血。它每看到一個同伴就扒開傷口說，你看看我的傷口，好痛啊！每個看見牠傷口的猴子都安慰牠、同情牠，告訴牠不同的治療方法。小猴子不斷地給朋友們看傷口，不斷地聽取別人的意見，後來因為傷口感染死掉了。

痛，每說一次就加深一次。別人的同情，只會讓自己更難過。那些在自己最需要的時候遠離的人，恰好可以借這個機會看清他們的品質。

在這種情況下，她看到了電影裡的芙烈達・卡蘿：穿著鮮豔的服裝，痛苦被鮮豔分解得支離破碎；她愛過，也離開過；在光怪陸離的人群中，桀驁不馴；她不為別人而活，就為了自己。琳琳把芙烈達當成了活下去的典範。她覺得芙烈達生命中的燦爛和輝煌裡混雜著太多苦楚，這些苦變成了濃墨重彩的線條，曲折地勾勒出了人生的輪廓。

她在一次次手術後甦醒，恨不得把身體大卸八塊，然後一股腦兒丟進護城河。但身體沒有被丟進護城河，她決心好好活著。經過幾個月的治療，她可以坐著輪椅呼吸新鮮空氣了。將近一年之後，她終於可以蹣跚地行走。琳琳知道自己未來會更好，因為能從谷底重新站起來，就是人生最大的幸福。

車禍留給琳琳的紀念禮物是左腿的永久性運動障礙。很顯然，她不再適合那份需要經常奔波的時尚編輯的工作了。她認真製作了簡歷，也如實描述自己的現狀。經過無數次投遞之後，終於有一家文化公司願意接納她擔任內容運營。接到通知時，她激動得抱著父親，眼淚笑得濺成了花朵。

自那以後，琳琳不懂就學，不恥下問。為了一個標題能吸引多一點的讀者點閱，她絞盡腦汁，想出五十多個標題讓同事來比較選擇。很快，她的一篇文章有了十萬多的點擊量，接著她又一連出了好幾篇閱讀量極高的文章。於是不斷有廣告商來談廣告合作，她給公司帶來了極大的效益。

琳琳憑自己的業績得到了公司的最高獎勵，由人民幣月薪四千元升為年薪二十五萬元。大家都覺得這個努力工作的女孩很棒，能力強到令人嘆服。

琳琳知道眼前的一切看上去雲淡風輕，實際上來之不易。她不感謝自己經歷的苦難，但是一定不會忘記那段痛苦的時光，因為正是對苦難的跨越，使她得到了今天的肯定，這是對自己重新振作最好的獎賞。

你的高貴，是優於過去的自己

海明威說：「優於別人並不高貴，真正的高貴應該是優於過去的自己。」

我要說的這個女人叫劉玉玲，我最喜歡的女演員之一。二〇一九年在好萊塢星光大道留名，是歷史上在星光大道留名的第四個華人影星。她從一個缺少機會的亞裔女演員，成為了好萊塢最成功的亞裔女明星。劉玉玲說她在年齡很小的時候就清晰地樹立了個人目標，並且在遇到困難的時候，堅信自己可以跨越。

劉玉玲是第二代華裔移民。她的父母在臺灣時一個是工程師，一個是生化學家，但這對知識份子在移民美國之後，一切只能從零開始。小時候家裡拮据，她做童工來貼補家用，年齡稍大之後更是做過秘書、舞蹈教練、服務員等，一週工作七天。

在這樣艱難的環境裡，劉玉玲並沒有放棄學業，她畢業於美國的高中名校，順利考進密西根大學研修亞洲語言文化，大學期間積極參加各種社團，一切都為她的演員職業做好了準備。最初，她在各種劇集裡面「打醬油」，都是活不過一集的那種角色；直到二十九歲時，她在《艾莉的異想世界》中客串了一個律師角色，靠著個人魅力贏得好評無數，逆轉為常駐角色，還獲得了當時艾美獎最佳女配角提名。

談及劉玉玲的演員職業生涯，一定繞不過《追殺比爾》。在《追殺比爾》中，她在影片的最後部分出場，但卻令人過目不忘。片中她飾演的黑幫老大御蓮，是電影史上非常經典而具有魅力的反派角色，比主角更閃耀。

之後《霹靂嬌娃》系列更是火紅。片中她飾演的艾利克斯，出場颯到沒朋友，有一場戴著眼鏡、穿著緊身裙、拿著教鞭的名場面，成為不可復刻的經典鏡頭。

在《福爾摩斯與華生》中，她演了女性「華生」，冷峻專業、沉穩理性。最大的挑戰在於影片把華生變成了亞洲人，又是個女性，這在美國的各種電影、電視劇中是絕無僅有的，而劉玉玲完成得幾乎無可挑剔。她口才很好，綜藝感也很棒，她是第一個主持《週六夜現場》的亞洲女性，在其他各類脫口秀節目中也表現得極有節奏，從不冷場。

很多人被劉玉玲自導自演的《致命女人》圈粉，而用這個劇名來形容她本人也再合適不過。因為她的人生經歷，就是一個智慧女人呈現致命魅力的過程。

除了能演、能導，劉玉玲還是個優秀的畫家。她十五歲開始學習畫畫，是個非常有天分的人。她在所有的畫作上均署名為 Yu Ling，就是為了規避演員身分的名氣給繪畫帶來不必要的困擾。她希望在多樣的情感體驗中去吸收對自己有用的東西。繪畫藝術與創作成為她人生中非常重要的事情。

劉玉玲還有一個經典的言論「Fuck you money」。這是她從父親身上學到的道理，就是要努力工作，努力賺錢，但這種錢叫「Fuck you money」。如果你有了這筆錢，當你不想做事的時候，就可以非常灑脫地走人。

女人強大的生命力，正在於優於昨天的自己。要吃得苦，之後才能享受甜，然後才有資本對不喜歡做的事情說不。

女人私房話

海明威說過：「我們花了兩年學會說話，卻要花上一輩子來學會閉嘴。」這真是關於言多必失的箴言了。人與人之間最好的狀態，就是懂得給予彼此舒服感。這種舒服的前提是，內心有足夠的善意，有不讓對方為難的肚量與情商。

學會體諒別人的欲言又止

每個人都會有難言之處，而聰明的人會懂得體諒別人的欲言又止，不著痕跡地維護對方的面子。這樣才能收穫好人緣。

某公司中午喜歡湊人一塊吃午餐，這樣一來不用吃速食，二來人多可以多點幾道好菜。這天輪到李姐負責召集，她提議以ＡＡ制的方式去亞馬遜餐廳吃自助海鮮。亞馬遜餐廳的菜品種類多、味道不錯，就是價格有點貴，多數同事礙於面子表示同意。

此時一個女孩小聲地問了一句：「李姐，我有事，能不能不去呀？」

李姐嚴肅地說：「不行，是集體行動，都要參加。」女孩低下頭，沒有吭聲。

李姐補了一句：「一會兒記得用電子支付轉帳，我統計人數。」女孩沒有點頭。

看著女孩有點為難的表情，李姐這才反應過來，對方剛開始工作不久，薪水不多，每個月要租房子還要吃飯、坐地鐵，開銷不小。

李姐恍然大悟，過了一會兒和大家說，打電話過去發現那家餐廳已經訂滿，便換到公司附近那間大家常去的菜館了。那裡好吃又實惠，大家都表示贊成。女孩也微笑點頭，表情明顯輕鬆了許多。每個人都會有難言之處，聰明的人會懂得體諒別人的欲言又止，不著痕跡地維護對方的面子。這樣才能收穫好人緣。

令人不舒服的話，多想三秒就不會脫口而出

小亞是個普通大學畢業的文科生，剛到一家公司實習。她長得乖巧，嘴巴也甜，對年齡大點的都稱呼「姐」、「哥」，剛開始大家去哪裡吃飯也都會叫上她。

時間一長，大家發現小亞很任性，對喜歡的人眉開眼笑，對不喜歡的人橫眉冷對，有時候說話很尖酸刻薄。

最近，部門要舉辦運動會，她看報乒乓球比賽的男同事在練習，就過去湊熱鬧，於是人家問她要不要加入。小亞卻搖頭說，這個比賽適合身高一百六十公分以下的人參加，自己個子高適合打籃球。恰巧那個男同事個子就不高，於是立馬閉嘴不再說話。小亞還不覺得自己說錯話了，拉上辦公室另外一個女孩說：「西西適合，你的個子矮，你們正好湊一對。」西西只能尷尬一笑，趕緊走開。

還有一次，公司一個女孩的男朋友是富二代。第一次正式上男朋友家見家長後，回

來把自己拍的男友家上下兩層的別墅影片分享給大家看。

大家紛紛表示祝福和羨慕：

「這房子真大啊，好幸福！」

「你男朋友的媽媽保養得真好，皮膚好有光澤。」

小亞卻來了一句：「你要看緊這麼有錢的男朋友啊，別讓人搶了。」

一下子就把熱鬧的場面凍結了。

女孩自然不開心給了她一個白眼，問：「小亞我得罪過你嗎？」

小亞似乎沒有聽懂，回答說：「沒有啊。你男友這麼有錢，是做什麼的呢？不對，應該問你男友的父母是做什麼的？」

女孩：「和你有關係嗎？」

小亞：「是沒有，就是好奇。是做大生意的吧？也可能是政治圈的對不對？」

女孩不再理她，自己走開了。

小亞在公司被漸漸地孤立起來，因為誰都不喜歡她好奇心太強，說話又不知輕重，不知道她一開口又會掃誰的興。就這樣，小亞在試用期結束的時候與這家公司絕緣了。

「人是要自己亦是美人，才能知昨天有美人在此經過。」這是胡蘭成《山河歲月》

中的一句話。美的語言如玫瑰有餘香，美好的人也一定不會允許自己說出不美的話。如果你在說話之前先停頓三秒想一下，這句話會不會令對方不舒服，那麼，那些好奇的、傷人的話，應該就不會脫口而出了。

聽懂別人的弦外之音

我們小時候對於自己的好惡可以直截了當表達出來，別人還會誇你可愛、誠實，如果在進入職場之後還這麼做，很容易被當成不成熟、不值得信任與交往的人。

職場中最重要的關係必然是員工與老闆的關係。老闆說話往往不會直言不諱，你如果只聽表面意思，理解不到言外之意，犯錯就在所難免了。

某公司的員工李子燕，因為喜歡熬夜和泡吧，連續三天遲到。這天老闆又在走廊碰見匆匆忙忙趕來、邊吃早點邊打卡的她，便說：「李子燕啊，路上是不是塞車？條件允許的話不妨搬到公司附近住，有困難的話可以跟我們反映……」

這些話聽著像是老闆對員工的關心，但聰明的李子燕卻聽出了老闆的不滿，她知道自己錯了，面對老闆長達半個小時的言語「呵護」，硬是沒有表現出任何不耐煩。老闆氣順了，此後她準時起床、上班，老闆也就沒說什麼了，彼此關係倒也融洽。

李子燕因為聽懂了老闆的言外之意，不僅不再遲到了，工作上也更加努力，業績上升得很快。她的改變老闆看在眼裡。一天老闆單獨找她談話：「你最近表現挺不錯的，每個月的業績也不錯，在公司也很勤快。現在你們部門主管的位置空出來了，我想找一個有能力的人接替。」緊接著老闆話鋒一轉，「只是你們部門結構混亂，你覺得需不需要調整一下？」

從前半段話可以看出，老闆對李子燕是很看重的，但考驗卻在後半句。李子燕到底年輕，只隨口回了一句：「我覺得現在挺好的。」

老闆：「你覺得很好嗎？沒事了，你出去吧。」

接下來，又有一個同事被老闆叫進去單獨談話，出來後不到一週便成了她們部門的新主管。直到這個時候，李子燕才明白自己錯失了一個怎樣的機會。她懊惱不已：當時自己怎麼就沒有明白老闆的真實意圖呢？

那麼，一個人的話語中，一般會有哪些言外之意呢？

第一，表達某種態度。「你是不是住得遠？」言下之意：你遲到是有問題的。言語都是有態度的，只是很多時候我們並沒有注意這一點。所以，識別對方的態度是瞭解其言外之意的一個重要途徑。

第二，期待一個回答。「你覺得你們部門結構亂嗎？」言下之意：亂，你有什麼建議。在職場中我們與人交流的時候，如果發現事實和道理都很清楚，但是對方還要詢問你，就應該明白，對方需要的是一個有建設性的建議，而不是一個含糊、隨意的回答。

♡做善良的人，為他人顧及體面

生活中總有一些女生，憑藉耿直的人設，說話絲毫不懂體諒別人。你問她這條裙子好不好看，她會告訴你：「你很胖，不適合這麼穿。」而高情商的人則會委婉地說：「顏色很漂亮，很適合你，但如果是V領可能會更突顯你的氣質。」

其實這些女生不是太過耿直，而是不夠善良，不願意考慮別人的心理感受，做不到設身處地，缺乏對他人情緒的感知能力。作為主持人，何炅的高情商可以說是有口皆碑。每一個與他交談的人，即使出現失誤，何炅都能幫你保有體面，讓你如沐春風。

記得在綜藝節目《幻樂之城》中，韓雪演唱了一首《焚心似火》。演出現場採用了3D全息投影技術，但卻出現了穿幫。即使歌聲十分動聽，但韓雪還是因為穿幫事故忍不住哭了。主持人何炅及時說：「剛才被感動的觀眾，請舉起你們的左手；剛才我們的工作人員有一點穿幫，看到了的請舉右手；如果大家覺得這個穿幫不影響你對這部作品的看法，並百分百支持韓雪的請鼓掌。」全場響起一片熱烈的掌聲。韓雪感激地看著何炅，並擦乾眼淚向鼓勵她的觀眾鞠躬致謝。

良言一句寒冬暖。很多女生之所以沒有高情商，是因為格局小，不會為別人著想，不懂得給別人體面。但你如何對待這個世界，世界就會如何對待你。

我採訪過一個學問淵博、性格溫和的中文教授。我發現她有個美好的小習慣，即不管對方說了多麼幼稚的話，她都會很誠懇地說「對，你說得真好」，並認真地指出你這個話中可以成立的點，然後延展開來，講出她自己的看法。

一個學問淵博的人肯定了你，你一定受寵若驚；而當她把你的意見上升到與她平等交流的高度，你會感覺自己也很厲害。由此看來，當你要表達什麼的時候，要學會先肯定對方，再講自己的意見，溝通氛圍會好很多。

《英格蘭人是人嗎？》（*Watching the English*）裡專門講了這一條：「如果你想炫耀自己的成功，一定要附送你的糗事，以化解你的成功給別人帶來的尷尬，同時預防嫉妒。」如果你一定要講「我買了個十萬元的包包」，請加上「剛背出門，朋友問我這山寨包做得挺像的啊，得花八九千元吧」；如果你一定要講「我家買了個大別墅」，請加上「我這個土包子給樓梯上了蠟，剛搬進去就摔了個狗吃屎」，讓看熱鬧的人在你的自嘲中哈哈一笑，你想炫耀的內容就不是焦點了。

女人私房話

伏爾泰說過：「耳朵是通往心靈的路。」溝通是雙向的，高情商有共情力的人，除了會說話，還應該會傾聽。

懂得耐心傾聽的人，更受人信賴

三個女人一台戲。一群女人在一起，必然會有滔滔不絕的話可以說。這種情況下，你如果在場，儘量不要當主角，而是要耐心地聽。這種聽是一種修養，尤其是在面對一些無關輕重或可能成為謠言的話題時，微笑傾聽是最明智的選擇。

其實我們思考一下就會發現，每個人在和別人交流的時候，在表達自我上的願望確實比傾聽對方要強烈。我們常遇到這兩種情況：一是聽別人傾訴與自己關係不大的內容，這需要有共情與體諒之心才能聽下去；二是聽別人發表自己不贊成的意見，甚至是反對自己的言談，這時的傾聽更體現出一個人的涵養和素質。

當對方在講述時，如果你急吼吼地插話說「聽我說」，是很沒禮貌的表現。而當說話的人看到你傾聽時誠摯的目光，看到你誠懇地點頭認同，相信這是你們心與心最接近的時候。

受歡迎的人都不愛表現自己

細數自己的社交圈，你會發現受歡迎的往往不是那些誇誇其談、自吹自擂的人，而是那些善於傾聽他人、尊重他人的人。

那些喋喋不休只樂於述說自己以往經歷的人，往往都自大心盲，缺少對他人真摯的關心與瞭解。合格的傾聽者要有耐心，要願意感同身受地體會說話人當時的悲喜。人們往往習慣了社交場合的觥籌交錯，卻容易忘記傾聽對方內心最深處的聲音。能成為一名合格的傾聽者，你便成功了一半。

主持人董卿就是一個善於傾聽的人。

在公益節目《開學第一課》中，董卿採訪了中國著名翻譯家許淵沖老先生。如果按慣例，董卿會站著採訪，但如此一來，坐在輪椅上的許老先生需要抬頭仰視她。為了照顧坐在輪椅上的老人，也為了表達對許老的尊重，董卿選擇走近他的身旁，用半蹲跪下的姿勢傾聽許老講自己的故事。

可能許多人都沒有聽過許淵沖老先生的名字，但是他翻譯的作品很多人一定看過，其中包括《詩經》、《楚辭》、《李白詩選》、《西厢記》、《紅與黑》、《包法利夫人》等。

當九十六歲高齡的許淵沖老先生講到自己仍然每天堅持工作至淩晨三四點時，他還念出了這首詩：「夜裡做事，這是我偷英國詩人湯瑪斯·摩爾的 The best of all ways to lengthen our days is to steal some hours from the night（延長白天最好的辦法，就是從夜晚偷時間）……」

董卿眼裡流露出關切與敬重，她並不急於打斷老人的講話，用心傾聽的同時，還恰到好處地謙卑地點頭。直到許老先生說完，董卿才總結說：「您這是熬夜。」沒說出來的意思是：這樣不好。

現場觀眾都深有同感地發出了笑聲，整個過程令人感到舒服又自在。

要想瞭解對方言語之外的豐富含義，僅僅認真聽對方說話是不夠的，還要建立一種「雙核」思維，既要聽對方說了什麼，又要感受對方的話語背後隱藏的情緒和情感。

傾聽是對人的尊重

無論是日常生活還是工作學習，我們都需要與別人溝通。良好的溝通是由「聽」與「說」兩部分組成的，可是多數女性的表達欲望總是比傾聽欲望更強烈。我一個在電臺情感傾訴節目工作的朋友告訴我 一個資料：在最近的二十年裡，他們電臺接到的女性傾訴電話占接聽總數的九五％。

是的，多數人都更關心自己的情緒，比起傾聽欲，我們都更有傾訴欲，希望自己被關注、被理解，而願意傾聽的人就更顯得難能可貴。

我見過不少女生口齒伶俐，長得也漂亮，但是每次和同事開會討論問題，或到別人發言時，她們總是會控制不住表達的欲望打斷人家說，「不行，你這樣不可以！」、「打斷一下，我認為……」偶爾一兩次也就罷了，但是經常這樣就很令人反感。老是打斷別人的話，即使語氣再客氣也是一種缺乏教養、對別人不尊重的行為。

米莉大學畢業後在一家服裝公司實習，實習結束後她的女上司很想她留下來工作。但米莉認為這家公司雖然目前可以，但公司依靠家族兄弟姐妹的管理有一些問題，不是適合自己長遠發展的公司，於是向女上司遞交了辭職信。

女上司接過辭職信，劈頭蓋臉就質問：「有公司出了比我們高的薪水挖角你，是嗎？」、「辭職信我不看了，如果留下來可以考慮給你做服裝設計的資格！」整整半個小時的會話，女上司除了質問，就是侃侃而談什麼年輕人不要太浮躁、是我給你發光的機會的這一類話，米莉幾乎沒有說話的機會。

米莉真實離開的原因在嘴邊轉啊轉啊，卻一直沒有機會說出來，最後米莉只有機會說出一句給大家臺階的話：謝謝您的厚愛，我回去會再考慮一下的。

這位女上司如果尊重米莉，耐心聆聽，她也許能找到米莉想離開的原因，說不定有機會說服米莉留下來。很可惜，她的表現使米莉更堅定了要走的決心。

「打斷一下這件事我不這麼認為」、「這沒什麼，不值得那麼鬱悶」、「這事簡單，我建議你這麼做」、「我希望你這樣做」……通常你聽到這些話時，是不是只想儘快結束對話？他們可能真心想幫你解決問題，但這種帶著優越感的口吻，給人感覺到的是他們溢出的表達欲望和對人的不尊重。如果你不喜歡這樣的人，請你也一定不要這樣做，己所不欲，勿施於人。

我的阿姨是一家飯店的前臺經理，她的閨密是一位很有聲望的某醫院院長，是一位活得很自信的成功女性。平時瞭解中，大家總覺得這位醫生好強、自我，不苟言笑，週末與週三幾乎都去健身，雷打不動；與同仁打交道也只談工作不談生活……總之，種種現象顯示她是個不太好親近的人。

十年前很偶然的機會，這位院長入住我阿姨工作的飯店，恰好是我阿姨接待她的。在給她送餐時，阿姨出於女性的細心，給她準備了沒有辣椒的食物，她吃驚地問阿姨：

「我並沒有說不要辣椒，你怎麼知道我不吃辣？」阿姨笑著回答：「你的皮膚沒有一點痘痕，身材也管理得很好，一看就是飲食清淡的人呀。」

也許是在陌生人面前更容易放鬆自己，不知不覺中她給阿姨竟然說了很多她自己的故事。曾經遭遇丈夫的冷暴力，丈夫會趁她出差毆打女兒，結束婚姻後開始跟女兒生活……她說這些的時候，阿姨只是默默地聽著，讓她非常感動。

美國心理學家卡爾・羅傑斯說過：「如果有人傾聽你說話，不對你品頭論足，也不想改變你，這多麼美好。」

學會傾聽，你才能瞭解別人內心在想什麼，才能理解別人的觀點和看法，成為一個有共情能力，能真正贏得別人信任的人。

好好聽別人說話，不去表現自己，願你我都可以成為這樣美好的人。

用傾聽使謠言止步

有個成語叫「眾口鑠金」，意思是一件事情明明是假的，但如果說的人多了就成了事實。這個時候多一點耐心，傾聽就會成為讓謠言止步的不二方法。

肖敏和老公的婚姻在外人看來是不夠匹配的。她長相普通，學歷一般，老公卻很帥氣，是碩士畢業，還是事業有成的食品公司董事長。

那天，是她和老公結婚八週年的紀念日，肖敏換上新買的真絲連衣裙，準備了一桌飯菜，還特別拿出了一瓶收藏了十年的酒，打算和老公度過一個浪漫的夜晚。

等待老公回來的時候，她的手機「叮咚」一聲響，是她姐姐發來的一條訊息，打開一看，是自己丈夫在珠寶店和一個年輕女性買珠寶的照片，她感覺渾身的血液都湧到了頭頂。

接著她姐姐又發來一條訊息：男人永遠喜歡二十歲的女孩，尤其事業有成的男人，你可要多留心。

隨即，肖敏姐姐的電話就打了過來：妹夫昨天帶著別的女人去珠寶店，買了最新款的鉑金項鍊。我朋友是那個珠寶店的服務員，她認識妹夫，就偷偷拍了照片發給我了！這事兒不能就這樣算了……

「我知道了，這事我會自己處理！」肖敏等姐姐說完，掛了電話。

質問、指責甚至想爆粗口，千言萬語一下子都湧到了嘴邊，她顫抖著手撥通了老公的電話。就在她想要說什麼的時候，老公歡快的聲音傳了過來：「老婆，別催了，我馬上就到家了！」肖敏最終什麼也沒說，只是叮囑老公開車慢點，就掛了電話。

就在肖敏發怔的工夫，她媽媽的電話也打來了：「敏敏啊，我剛才聽你姐說了……這男人有些錢花花腸子就露出來了，你要趕緊做打算，把錢抓到自己手裡保險……」

「媽，你別聽風就是雨的，我自己心裡有數！」肖敏掛了媽媽的電話。就在心越來越冰冷的時候，她聽到了老公用鑰匙開門的聲音。

老公進屋後，拿出藏在身後的大束鬱金香送給肖敏，還給了她深情的擁抱說：「老婆，紀念日快樂，希望我們到七十歲時也要這麼快樂！」肖敏喜歡的花是鬱金香，老公沒記錯，這一點讓肖敏忽然就安心了不少。於是暫時壓下了想要盤問的念頭，坐在了餐桌旁，如常地招呼老公吃飯。

吃飯的時候，老公大概是因為多喝了兩杯，他的話比平時多：謝謝你做了我的妻子，陪我熬過了最苦的日子。我那時候食品廠虧本，胃潰瘍住院，是你陪我走過了最艱難的日子，咱們剛結婚那會兒，我們住在租來的地下室裡，你都沒有怨言……

肖敏心裡也是百感交集，她和老公是苦日子過來的，現在日子好了，他真的變心了嗎？猶豫了一會兒，肖敏打消了心中的念頭，只說：「我還擔心你忙得忘記今天的日子。」

「老婆，不會忘記的，這是我們的紀念日，對我很重要。」、「我還給你準備了神祕禮物！」酒意微醺，老公從包裡拿出了精緻的禮品盒，從盒子裡取出一條鉑金項鍊，幫肖敏戴在了脖子上說：「我有個大客戶是設計師，我想品味一定比我這個人好更多，昨天特意讓她陪我挑選的，你看看喜不喜歡！」

盤旋在肖敏心頭的烏雲，剎那間就煙消雲散了。肖敏事後甚至有點害怕，如果自己不分青紅皂白地質問老公，或者乾脆大動干戈地鬧一場，破壞了節日氣氛不說，說不定還會給夫妻感情留下難以彌補的嫌隙。

肖敏在這件事上，幸好保持了自己的理性和冷靜，用傾聽讓謠言止步了。因為有時候眼睛看到的也未必就是真的，如果不具備獨立思考的能力，遇到事情就輕信別人的話，後果就可想而知了。

女人私房話

你有沒有那種好朋友——什麼都可以彙報，什麼都可以分享，連和男朋友約會看電影都可以帶著她去？

如果有，那說明你的邊界感很糟糕。

邊界感，是衡量人品的尺度

每個人都是獨立的個體，哪怕你們的關係再好，也不應該過度介入別人的生活。好的友情，並不一定要「不分你我」，反而要分清你是你、我是我。

一切關係都有不可超越的最後界限

資深心理諮詢師武志紅說過：一段關係中缺乏邊界，就會陷入共生關係，會覺得「我的就是你的，你的就是我的」。

電影《七月與安生》裡，兩位密友為什麼最後會反目？這是電影帶給我們的一個思考。七月與安生自小相識，興趣相投，又都是獨生子女，感情在玩耍中日益加深。

由於安生「自來熟」的性格和特殊的家庭狀況，在七月家蹭吃蹭喝便成了常事。七月喜歡有安生做伴，安生也從來不把自己當外人。

安生看似個性大而化之，其實很會察言觀色討人歡心；七月老實安分無私分享，但女孩子看到閨密比自己更討人喜愛，其實是心存嫉妒的。只是她把這些都掩飾得很好，也珍惜彼此之間的感情，刻意地不去在意而已。

但不在意不等於問題不存在。女孩們長大了，因為共同的喜好太多，最終連喜歡男人的品味也一樣。交往越深，嫌隙也越深。而由於七月珍惜友情，包容安生的一切，安生便越來越肆無忌憚。安生缺失的東西太多，就像一個瀕臨窒息的人想抓住一切能給她生機的氧氣——連七月最愛的人她也想擁有。

不懂「邊界感」重要性的七月，終於親手將男友拱手送給了安生。電影中有一句臺詞總結得很精準：「我最喜歡的人，都在一起了。」從兩人最後撕心裂肺的情緒便可看出，其實那些不滿由來已久，最終爆發。

其實閨密之間如果沒有清晰的邊界感，對彼此的生活滲透太深的話，並不利於感情的長期發展。

哲學研究家周國平在《人與永恆》中說：「一切都有不可超越的最後界限，這界限是不清晰的，然而又是確定的，一切麻煩和衝突，都起於無意中想突破這界限。」

因此，無論關係多親密都要保持適當的距離感，哪怕你們是最好的朋友、最親的親人，也應該保持一定的界限，給彼此留出一定的空間。

即使是親密愛人，邊界領地也得劃分

舉個我自己的小例子吧。有一天週末，我開心地等著快要出鍋的羊排，老公卻忽然把一條訊息放到我眼前，是他姐姐發來的：你們不準備再要一個嗎？你們倆經濟條件允許，又都還年輕。我們這月子中心最近都是中年二胎……

這自然是某人有心要給我看，我也不會直接說不。我委婉地說：「隨緣吧，記得謝謝大姐。」這個問題去年過年的時候已經提過一次，家裡長輩拐著彎想要我生二胎。

我，自然是委婉拒絕。

因為在我看來，我並不年輕了——四十歲，這是我的黃金年齡，因為對比二十歲、三十歲時不知道自己要什麼，這個時候的我清晰地知道我要的生活和二胎沒有關係。與愛人之間也是經過曾經吵吵鬧鬧的耳鬢廝磨，到了如今有商有量、各自舒服的狀態。

他和朋友聚會我不會打電話催；我出差五天、十天，他也不會疑神疑鬼。我們各自有自己的空間，親密有間、不卑不亢。這不是冷漠，是婚姻正好舒適的邊界。

每個家庭的邊界感不一樣，但有一點是一樣的，就是在你不認可的某個價值觀面前，一定不要順從成習慣。不順從，也不需要爭吵，而是換一種溫和的不傷害人的方式來表達自己的觀點。

電影《萬箭穿心》可以說是我近年來看過最好的中國電影。故事女主角李寶莉是一個脾氣火爆、學歷不高、牙尖嘴利的女人，在武漢的漢正街批發市場賣襪子，一開口就是「婊子養的」，但她嫁給了一個有文化的男人，某單位的中層幹部名叫馬學武。馬學武老實懦弱，是典型的妻管嚴。

單位給馬學武分了個房，但從他們搬進新家的第一天起，生活就開始不大太平了。搬家那天工人臨時加價，李寶莉和搬運工當街大吵起來，抬頭向樓上的丈夫馬學武求助時，馬學武立馬把頭縮了回去。

搬運工幹完活，馬學武為了感謝搬運工，給他們發菸，並讓兒子去買汽水。這原本是人之常情，但李寶莉卻在眾人面前怒罵丈夫亂花錢、假大方，丈夫、兒子既無奈又害怕，都默不作聲地離她遠遠地待著。一個沒有邊界，不懂得尊重家人的女人形象，在這些細節裡展示得淋漓盡致。這樣的家庭註定是不會幸福的。

李寶莉在任何事情上面都要鬥一鬥、爭一爭的結果是，馬學武終於忍耐不了，提出了離婚，然後無家可歸，最後出軌。

李寶莉做了一件讓馬學武在單位再也待不下的事情，她打電話到丈夫的單位舉報有人賣淫嫖娼，她以為只要讓丈夫出了醜，自己這輩子就能一直緊緊地抓牢他。

可恰恰是她這過了頭的聰明，幾乎要了馬學武的半條命。俗話說，傷敵一千，也得自損八百，更何況是榮辱與共的夫妻關係。當東窗事發，馬學武被迫離職，得知竟然是妻子舉報自己的時候，頓感人生絕望，跳江自殺了。

李寶莉的悲劇就源於不會處理與丈夫之間的感情問題。她絲毫不認為自己管控馬學武是錯誤的。李寶莉一直活得沒有自我，說到底，李寶莉對丈夫和家庭強烈控制欲的背後，其實是獨立意識的缺失。無論是在小說還是影片中，李寶莉是個為家庭而活的人。她沒有自己的興趣愛好，也沒有自己的生活，一天到晚只是圍著丈夫和孩子轉，將馬學武作為全部的生活重心。

她最後也沒有明白，所有悲劇的發生都是因為她逾越了丈夫需要的邊界感。她唯一的朋友小景一針見血地說過：「他走到這般地步都是你逼出來的。」生活中我們也經常會聽到類似這樣的話：「我對你這麼好，你居然這麼對我！」、「我為這個家付出了這麼多，說你兩句還不可以嗎？」

表面看上去，是說話的一方在這段關係中付出得更多，而另一方是不願意付出的那一個。細想一下就會發現，實際上，說話的人才是那個沒有邊界感的索取者。這句話的潛臺詞是控制欲的體現——我對你這麼好，為你做了這麼多，你就必須對我好。

所以夫妻雙方必須要學習的一個功課是：我們首先都是被尊重的獨立個體，也必須尊重彼此的邊界感。無論在事業上還是家庭責任上，都需要給彼此一些冷靜和獨立的空間，找到雙方都舒適的距離，才可以愛得長久。

就像紀伯倫詩歌裡描繪的：不管你們多麼相依相伴，彼此之間都要留出間隙，讓迴旋在空中的風在間隙中舞動。我們互相獨立卻又彼此相依，始終心懷感激，心存敬意。

♡設定好個人邊界的寬度，並且學會守護它

「個人邊界 personal boundaries」這個詞最早是由心理學家埃內斯特・哈曼特提出的。他說：「如果自我是一座古堡，那麼個人邊界強度便是古堡外的一圈護城河。」

當然，護城河的寬度由你自己設定。有的人設置得窄一點，她就看上去不那麼好相處；有的人設置得寬一些，她自己的領地就小，就會顯得溫暖、隨和。

有的女人，無論在家還是出門在外，老公都對她呵護有加，為什麼？因為她從一開始就把握好了邊界感，不為任何人動搖它，因而生活得高貴而從容。

而有的女人，結婚前光彩奪目，結婚後很快從光彩奪目的珍珠變成了乾枯的魚眼

睛，就是因為忘記了自己要堅持的邊界感，最後在婚姻裡成為不敢大聲說話的弱者。

主持人謝楠和演員吳京的夫妻關係就呈現出一種美好的邊界感，不少人甚至說：有一種愛情叫謝楠和吳京。

綜藝節目《幸福三重奏》裡，當節目組問謝楠怎麼才能在家庭中獲得幸福時，她的回答是：「兩個人根本上是兩個獨立的個體，要給彼此留空間，有邊界感是一件很重要的事情。」

謝楠在和吳京結婚後，從沒有放棄事業，還在自己擅長的主持工作之外跨界去嘗試參加電視劇的演出。而吳京作為一個武打型的硬漢藝人，拍打戲免不了要受傷。謝楠會心疼，但更明白這是丈夫的熱愛。儘管會心疼吳京身上的傷痛，但她對於吳京的事業自始至終都特別支持。

謝楠說：「我希望能夠在你很辛苦、很累的時候讓你開心，在沒有人支持你的時候做唯一支持你的人。」

這樣有清晰邊界感的夫妻關係，才是真正健康的、美好的關係。願你的婚姻裡始終會有一個人，與你攜手，給你空間，並肩前行。

女人私房話

網路上有個提問——是不是每個女人心底裡都不喜歡比自己優秀的朋友？

上千個答案——是。

「以前也就長得一般，現在那麼漂亮，還不是整容了。」、「我工作那麼久還沒升職，她才來兩年就成為中階了，肯定是被上層潛規則了。」……這大概就是人性的弱點，看到比自己更優秀的就容易產生嫉妒。

子曰：「三人行必有我師。」子還曰：「見賢思齊焉，見不賢而內自省也。」看不到別人的優秀其實是一種隱性自卑的表現，因為不知道該如何縮短差距，索性就不肯去承認。

學會欣賞那些比自己優秀的人

有一個很有意思的說法是：你的水準，實際就是與你最親近的五個朋友的平均水準。

這雖然不至於有多準確，但也不無道理。你要多低頭審視自己，再抬頭看看旁邊比你優秀的人。越接近什麼樣的人，你大概就會是什麼樣的人。而能結交比你更優秀、更厲害的人，在某種程度上就是在提升自己。

好的友情相互成就，反之反目

這是著名作家張愛玲和她的一任好姊妹決裂的故事。這個姐妹叫作潘柳黛，是當時很有才華的女作家和報館編輯，不到二十歲就在上海文壇崛起，是《文友》最紅的記者和編輯，與張愛玲同為當時的才女翹楚。

才女間的惺惺相惜和成名要趁早的信念讓兩人一度走得很近。張愛玲曾盛裝招待潘柳黛到自己家裡喝下午茶。而請人到家中吃茶，是張愛玲待客的最高禮遇。

但張愛玲是天才少女，後勁更足，在文壇是橫掃一片的黑馬，自然令潘柳黛失色不少。起初，這並沒影響到兩人的友誼。潘柳黛心裡有些失落，但沒有表現出來，照舊一起逛街、喝茶。

但隱藏在內心的不適還是爆發了。當她在雜誌上看見胡蘭成一篇文章對張愛玲的「貴族血液」大肆誇讚時，潘柳黛立刻作出了回應。她以諷刺的文筆發表了《論胡蘭成論張愛玲》的文章，把胡蘭成不客氣地調侃了一番，更是把張愛玲引以為豪的「貴族血液」調侃了一番（胡蘭成所說「貴族血液」，是指張愛玲是李鴻章的曾外孫女）。

潘柳黛十分不屑地說，這種關係就好像太平洋裡淹死一隻老母雞，上海人吃黃浦江的自來水，卻自稱是喝到雞湯的距離一樣，是八竿子打不著的親戚關係。如果以之證明身世高貴，那麼不久「貴族」二字必不脛而走，連餐館裡都不免會有貴族豆腐、貴族排骨麵之類出現。而正巧當時有個大中華咖啡館改賣上海點心，就以潘柳黛筆下的「貴族排骨麵」上市並貼出海報攬生意。潘柳黛的文章一發表，按現在的說法就是「有梗」，很快就熱議不斷。

世人都知道張愛玲最得意自己的作品和出身，愛胡蘭成曾經低到塵埃裡。潘柳黛也果然是厲害之人，把張愛玲的要害一舉全損了，從此兩人決裂，老死不相往來。多年後張愛玲到香港，有熟人告訴她，潘柳黛也在香港。張愛玲只回答：「誰是潘柳黛，我不認識她。」

《詩經》裡說：「南有木，葛累之。樂只君子，福履綏之。」意思就是相互成就的關係才能更持久，反之很快會走到盡頭。

山外有山，人外有人，這是不爭的事實，只有故步自封的人才會一味地否認別人的優秀。我們要學會合理地經營一段友情，需要意識到，朋友變得更加優秀、生活得更好時，作為朋友的自己，更多的應該是祝福，是努力向朋友的方向看齊。

風搖一行詩，花間一壺酒，雪落撥琴弦。世間一切美好，都是源自心靈的美好。

高品質的友情來自互相欣賞

當你能坦然欣賞朋友的優點，並會發自內心祝福朋友過得比你好時，恭喜你，打通了任督二脈，因為你心胸的寬廣度足以放風箏了，這是你向更優秀的自己邁出步伐的開始。同樣是民國姐妹情，林徽因和費慰梅的友情就是一段互相肯定、一直到老的高品質友誼。

也許是林徽因異性緣太好，林徽因的女人緣平平，費慰梅是林徽因唯一的同性知己。費慰梅是那個年代非常優秀的女性，出生於美國，畢業於哈佛大學和麻省理工學院。她的父親是哈佛大學的教授，按中國的說法也是書香門第、名門之後。

一九三二年，費慰梅獨自一人來到中國。她的未婚夫費正清在北平等她，介紹她和好友梁思成、林徽因相識。

林徽因的「太太的客廳」大家都知道。一次偶然的客廳沙龍聚會，見費慰梅與費正清來了，林徽因便用英語與他們交流，這讓費氏夫婦沒有了隔閡感和陌生感。費慰梅甚至讚嘆林徽因的英語天分，她從來沒見過一個中國人英語說得這麼流利，比她說自己的母語還厲害。

費氏夫妻二人的名字就是由梁思成根據他們英文名字的譯音所起。從此，梁思成和林徽因的家——北平的北總布胡同三號，成了費氏夫婦經常光顧的地方。

費慰梅也說：「毫無疑問，若不是有著這樣的語言媒介，我們的友情是不會如此深刻、如此長久的。」她們的相知還因為「費慰梅是西方人」這個事實。林徽因曾經跟她在賓夕法尼亞大學的同學比林斯說過：「在中國，一個女孩子的價值完全取決於她的家庭。而在美國，有一種我所喜歡的民主精神。」

費慰梅任重慶美國大使館文化參贊的時候，住在重慶的一個有些年代的建築裡，林徽因一進屋子就開心地讚嘆：「我像是走進了一本雜誌！」

這是一個熱愛建築的女人發自內心的喜愛，也是對朋友能住在這個像雜誌一樣的屋子感同身受的雀躍。儘管那個時候，她在重慶的住處是一個簡陋的小屋。

房子、家居佈置都是林徽因的興趣點，所以與費慰梅討論起這些來總是不知疲憊。

費慰梅會帶著林徽因學騎馬，去學一些林徽因平常不觸及的領域。她晚年回憶那段時光：「我常在傍晚時分騎著自行車或坐人力車到梁家，穿過內院去找徽因，我們在客廳一個舒適的角落坐下，泡上兩杯熱茶後，就迫不及待地把那些為對方保留的故事一股腦倒出來……」

林徽因也在給費慰梅的信中這樣寫道：「我在雙重文化養育下長大，不容否認，雙重文化的滋養對我不可或缺，是你和今秋初冬那些野餐、騎馬，使我的整個世界煥然一新。」

這段友情有個最顯著的特點是，費慰梅始終認為林徽因是個單純的人，即使她比自己在人群中更耀眼，她也不介意。她誇讚過林徽因的品性和交流的天分，由衷認定這是林徽因的人格魅力。

二〇〇二年，費慰梅在美國去世。據說她的告別儀式上還有林徽因的一首詩。這段友情支撐了她一輩子，儘管林徽因過早離世，她隔著千山萬水，卻一直念念不忘。

安德烈・莫洛亞在《人生五大問題》裡說：友誼是自由選擇的、補充的家庭。

我們和誰成為朋友，都是基於精神認同的自由意志。友情跟愛情相差無幾，精神層面的「門當戶對」實在太不可或缺。所以一段高品質牢靠的友誼，總是發生在兩個優秀的、人格獨立的人之間。

學會與比你優秀的朋友共處

下面是我朋友圈裡發生的一個真實的故事。

小柳和夢思都算是我的讀者，她們是好朋友，在一個讀書分享會上我認識了她們。小柳在一家勞保公司做市場專員，夢思在一家旅行社工作。她們都屬於心中還有自己「詩和遠方」的女孩，會一起來聽我的講座，也會一起去打卡喜歡的城市。

因為新冠肺炎疫情的影響，勞保公司的其他生意一落千丈，但是一次性口罩和手套忽然好賣得不得了。聰明的小柳抓住了這個商機，很快就托人找到衛生部門辦好生產許可證，租了廠房，買了設備，辦了工廠，開始生產口罩。

上半年因為控制疫情的需要，政府開放了各種綠色通道，口罩一上市就供不應求，但小柳本著「不違背良心」的原則，堅持不惡意加價。熟悉她的人、不熟悉她的人紛紛透過關係找到她買口罩，口罩訂單如雪花般飄來，薄利多銷下來，也是掙得盆滿缽滿。

一天，小柳發了訊息在朋友圈分享自己的喜悅：從沒想過今年會是自己的好運之年，口罩訂單多得做不過來！

我們自然是為小柳開心。這不僅是運氣，還是小柳眼光准、有魄力的回報。

結果夢思評論說：「發國難財？口罩漲得比肉貴啊。」

小柳解釋自己是良心商家沒加價。夢思還是說了一句讓人不舒服的話，雖然是秒刪但小柳看到了。小柳一氣之下直接問她：「你是不是不想看到朋友過得好？」

夢思沒有回覆，私下卻問我：「其實我不是有心要那麼說她，就是心裡嫉妒。」

我回覆她說：「這是心理落差。你是不是最近遇到不順心的事了？」

夢思沉默了一會兒回覆：「我可能要失業了。我們那條街的旅行社關了一半。」

我回覆：「別因為自己的心情不好把一段珍貴的友情毀了，一定要去給小柳道歉，說明你目前的狀態並肯定她的成績。我相信小柳會原諒你的。」

夢思聽了我的話，把自己因為今年公司收入減少並裁員，所以心裡不開心的事告訴了小柳。小柳不僅原諒了她，還告訴夢思如果工作沒著落，她一定給她找一份工作。

你看，這是一個內心多麼寬容的女人！這不又是小柳的一個優點嗎？夢思對小柳多了一份敬佩，並真心為自己之前的言論感到慚愧。

一段好的友情，不是一起在原地踏步，不是相互束縛和將就，而是彼此欣賞，使雙方都更加熱愛生活，成為更好的自己。

舒暢和劉亦菲在二〇〇三年一起出演電視劇《金粉世家》時，因為性格相近而成為好朋友。當時劉亦菲飾演女主角秀珠，而舒暢則飾演八妹。從那以後，兩人的互動一直不斷，每年八月二十五日劉亦菲的生日時，舒暢都會第一時間發微博為劉亦菲慶生。細細數來，這段友誼已經維持了十八年。

這期間，劉亦菲越來越紅，而舒暢卻漸漸淡出了大家的視線。與某些明星走紅了就忘了微時的朋友不同，劉亦菲事業的成功沒有拉遠兩個人的距離。舒暢總會在劉亦菲取得成績的時候第一時間祝賀；會在劉亦菲紮進深山老林拍戲時探班；也會在有人質疑劉亦菲的成績時，堅定地站在劉亦菲身旁鼓勵她。劉亦菲說自己家中永遠會空出一個專門為舒暢準備的房間。

好的友情就是這樣吧，雖然不會無時無刻黏在一起，但總會在對方最需要的時候挺身而出。正是這份相互的尊重與肯定，讓兩個人的相知相伴可以長久。

這種神仙友情簡直太令人羨慕了。

「我成功，她不嫉妒；我萎靡，她不輕視，人生得一知己足矣。」這大概就是友情最好的模樣。

有一個有意思的說法是：你的水準，實際就是與你最親近的五個朋友的平均水準。你要多低頭審視自己，再抬頭看看旁邊比你優秀的人，越接近什麼樣的人，你大概就會是什麼樣的人。

而能結交比你更優秀、更厲害的人，在某種程度上就是在成為更好的自己。

古人說：「雲映日而成霞，泉掛岩而成瀑，所托者異，而名亦因之。此友道之所以可貴也。」意思是，凡事都是相互成就的。物與物之間尚且如此，人與人之間的關係更是一樣。

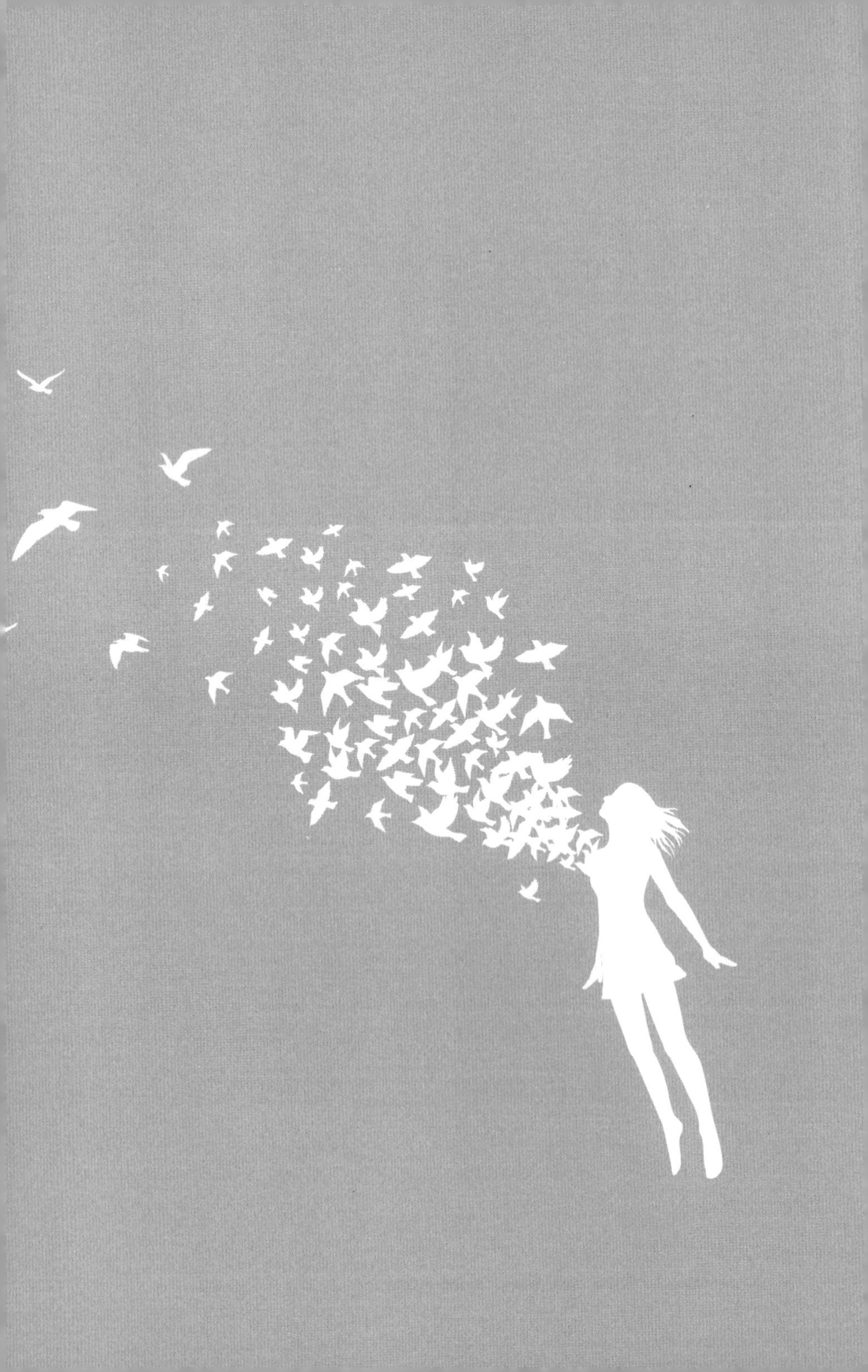

LESSON 4

|情感篇|

單身或有伴，都是一生的必修課

女人私房話

我會等你，等你回來。

只不過，這真的需要我苦苦地等待。

等到那陰雨纏綿，勾起憂傷滿懷。

西蒙諾夫的這首詩，恰如其分地描寫了愛情等待者們左右徘徊、四處張望的神態。

「我會等你」這是一句聽上去讓多少人刻骨銘心的愛情絮語，殊不知，這句話也是讓他們畫地為牢的囚籠，直到歲月空空，徒留傷懷。

愛情從來都是去選擇，而不是被選擇

握不住的沙，不如揚了它；走不通的路，不如及時回頭；愛而不得的人，就要適可而止，千萬別把一廂情願當成滿腔孤勇。

主動轉身，是成熟女人該有的愛情態度

林青霞是我心中的女神，多少年過去了，儘管韶華不再，但她每一次出現依然是光彩照人，有大家風範。

那一年，林青霞十八歲，剛剛高中畢業便主演了經典愛情片《窗外》。在試鏡的現場，青澀的林青霞第一次見到當時無數少女的偶像秦漢。即使時間過去二十多年了，她依然記得當時秦漢穿著一件白襯衫、一條黑色西裝褲，頭髮長長的，臉上帶著若有若無的憂鬱氣質。

「從那時起，我的一輩子就陷下去了。」很多年後，林青霞如是說。

《窗外》講述的是一個情竇初開的女學生愛上老師的故事。而故事之外，初涉影壇的林青霞也抑制不住地愛上了秦漢。

初次拍戲的林青霞手足無措，經常忘詞。與她演對手戲的秦漢則是耐心溫柔地指導，還在拍戲空檔拉著林青霞一起打籃球，鍛鍊身體。

《窗外》上映後爆紅，秦漢與林青霞也成為當時最炙手可熱的「螢幕情侶」。螢幕內外兩個人都是脈脈含情，可惜的是，當時的秦漢已有妻子邵喬茵。林青霞選擇到美國遊歷，或許正是想遠離這種剪不斷理還亂的感情。人在年輕的時候，總是會有一些對於愛情的茫然，關乎選擇與等待。

那時候的林青霞明媚飛揚，愛慕她的人何止秦漢一個。與她合作過《我是一片雲》的秦祥林也為眼前這個眼睛會說話的女孩癡迷。為了她，秦祥林義無反顧地追到了美國。許是異國他鄉容易滋生浪漫，又許是秦祥林的關懷備至慰藉了身處異鄉的林青霞，她答應了秦祥林的追求。

但不愛就是不愛，林青霞無法騙自己。經過掙扎思考，多年後她與秦祥林的感情終於畫上了句號，而此時的秦漢也辦理了與邵喬茵的離婚手續。

兜兜轉轉十多年，他們終於正大光明地在一起了。

《滾滾紅塵》是他們二人合作的又一部經典電影，這部電影讓她拿到了金馬獎最佳女主角。那時候她喜不自勝地說道：「他（秦漢）是我心目中的男主角，我們一起演了十八年的戲，還沒有演完，還不知道要演多少年呢。」

有記者問她什麼時候結婚，林青霞卻只是淡淡地說：「他不開口，總不能叫我一個女孩子先向他求婚吧。」這個時候她心裡的期待不言而喻。她等待的不就是心愛的那個人的一句承諾、一紙婚約嗎？

可秦漢卻始終不開口。

「我在香港拍了十多年的戲，一九八四～一九九四年，我每天都感覺自己好像在一個荒島上一樣，覺得好孤獨、好寂寞。我很想要一個港口，有一個家。」

對記者說出這句話後不久，林青霞不再等待。一九九四年的一天，林青霞與香港富商邢李源在舊金山舉行婚禮。在婚宴現場，林青霞拿著酒杯滿場飛轉，笑意盈盈地和親朋好友們舉杯，完全沒有外界預料的那般落寞。

聰明如她，不愛了，不等了，放手了。

這一次，她主動了一回，選擇了一個屬於自己的情感歸宿。

那位邢先生雖然看起來沒有秦漢那麼帥，但是卻懂她，理解她要的是一個可以安心的家。一個歷經了情感波瀾的女人所需要的不就是這份呵護嗎？

所以如今的她，早已釋然。年輕時轟轟烈烈的故事早已隨風而逝，如今的林青霞想要有個家庭。冬天窗外寒風凜冽的時候，她可以在溫暖的客廳給孩子們講故事；春光明媚的時候，她可以帶著家人踏青遠遊，自由自在地為自己而活。回歸生活、回歸家庭，從此歲月靜好，現世安穩。

女人在年輕時對愛情總是有依賴的，在二十幾歲沒有學會控制欲望之前，美麗如林青霞也會患得患失。但當熬過了最艱難的歲月，有的女人就會蛻變成蝶，不再懼怕年齡，不再患得患失，反倒活出了更清澈的模樣。

那些過了三十、四十歲還能保有天真眼神的女人，就是這樣一群女人。她們吃過愛情的苦，也經歷過生活的黯淡，但憑著一股不妥協的勁頭，終於把自己擺在了最舒適的位置，對生活給予的一切溫柔消化，也清楚地知道自己需要什麼，可以選擇什麼了。

濃墨重彩之後，林青霞需要的是寧靜的歸宿，所以兜兜轉轉之後，她終於選擇了他，也給了自己塵埃落定的快樂。

為什麼舉林青霞的例子？看她不緊不慢地過著熱氣騰騰的生活，看她用溫情的文字記錄著以往的人與事，歲月添至，她骨子裡的優雅不減反增。我愛年輕時林青霞清澈的眼神，愛她扮演的每一個角色；但是我更愛優雅從容面對歲月的她，喜愛的同時更增加了敬佩。她美好得如同深巷裡的陳年好酒，讓人喝上一口便不自覺地沉醉。

這種美是對現狀滿意的從容，是當華美的葉片落盡、生命的脈絡才歷歷可見的淡然處之。怎麼看都讓人舒服是一個女人最高級的美，無關年齡。

一段親密關係裡，最重要的是一種選擇的自由。愛是你願意把他帶進你的王國，去看各種風景，去探索各種不期而遇的美好。

但是，當你感受不到對未來的希望，甚至感覺在彼此消耗的時候，你也應該主動選擇轉身離開。這就是一個成熟女人該有的愛情態度。

放手比牽手更需要勇氣

吳小姐這次終於跟糾纏了六年的男朋友分手了，我為她長長地鬆了口氣。

這六年裡，吳小姐至少想分手想了不下十次，但最後總是以相同的理由原諒了他。

然而問題存在，就是隱患。吳小姐想結婚，男方說事業還差一點；吳小姐想要孩子，男方打死不要；男方想留在北京，吳小姐的目標是去上海；吳小姐想創業，男方卻堅持領安穩的工資……

這次為什麼決定分手？

她對我解釋：「以前覺得實在不想再去認識一個新的人。一想到遇到喜歡的人又得經歷一番你來我往的試探，而且好不容易在一起了以後，如果還不如現在這個該怎麼辦？」這也是不少女性懶得分手的原因，畢竟戀愛有風險，誰也不能擔保下一個男友是更渣還是更好。

是的，沒人能夠保證對的人一定會在將來的某個時間出現。可是，身邊的男人如果千真萬確是錯的人，和他在一起你只會變成自己討厭的人。

愛河有邊，回頭有岸。只有趕緊離開錯的人，才可能有新的開始。

那天在超市，我碰見了許久未見的初中同學曉彤。初見她時，我很難將眼前這個長髮飄飄、氣質甜美的女人和從前那個平凡的短髮女孩聯繫起來。

一番寒暄之後，我才知道，她並沒有和當年的男友一起走到現在。她與前任青梅竹馬，讀同一所高中、同一個城市的大學，但隨著歲月的流逝，兩人的心卻越走越遠。但曉彤堅信青梅竹馬的感情是純粹的，她不願放棄。

那時候曉彤是個性格執拗的女孩，生活圈子也小，每天就是上下班，即使察覺出兩人的共同語言越來越少，對方越來越忙，一週一次視訊都簡短到兩分鐘可以結束，曉彤卻依舊如鴕鳥一般選擇視而不見。直到有一天這個男人遠赴新加坡工作，機場送別，男人說兩地這麼遠，如果有合適的就不要等了，也歡迎她去新加坡玩。傻傻的女孩聽不出話外之音是分手，或者說她不想去相信，此後一直蹉跎歲月，亦無心開始新的生活。

直到後來她在社交網站看見男孩的結婚照，不僅新娘不是她，她還是最後一個知道消息的人。她崩潰痛哭。

想起看過的一段話：「即使我的愛也最終不值得信賴，我希望你因此學會，愛只是成長的外衣，你今天最喜歡的這件，終於也會在某天，不合時宜。」

經此一役，曉彤反倒輕鬆了，發現原來自己並沒有想像中那麼愛那個人，而只是偏執。也許她要的就是一個結果。

曉彤請了幾天年假出去玩，忽然發現放棄一個等不到的人其實很輕鬆，好似卸下了一直背負的枷鎖一樣。忽然她又可以看清眼前久違的美景、美食、友情。

有意思的是，曉彤的一個朋友因為知道她心情不好，發了一個男孩的微信給她說：這個男人單身、優秀，你們加個好友，看看是否有緣分。

曉彤看著對方的頭像：一片白茫茫中一個男人的背影。她覺得順眼，就加上了。晚上在民宿無聊，她又翻了翻這男人的相簿。原來是一個旅行家，那張白色背景的照片是在北極拍的。他一個人走過了五十個國家，會在每個國家留一個背影。

曉彤第一次主動和這個男人聊天，介紹自己並告訴他，他是她心中男友的樣子。如果他願意，可以在旅行結束後，來她的城市找她。

正是因為這一次的主動，曉彤把握住了幸福。旅行家第一次遇到這麼勇敢又可愛的女孩，去她在的城市找她了。見面是聊不完的話題，談不完的興趣。

曉彤在他的鼓勵下學攝影、學拍短片，兩個人開了一個美學生活館，生意好的時候在家帶學生，生意清淡的時候一起出門旅行、拍照。曉彤也越來越愛自己——遇到對的人就是這樣，半年後他們就水到渠成結婚了。

你看，再痛徹心扉的愛情，再艱難苦澀的等待，只要求而不得，便要及時割捨。真正的愛情從來都是主動去選擇，而不是站在原地被動地讓別人選擇你。

無論是多麼撕心裂肺的割捨，多麼刻骨銘心的情感，當你抽離出來便會發現，自己曾經的那些執念，也不過如此。

女人私房話

在某節目中，周海媚霸氣回答觀眾提問：「我五十四歲沒結婚怎麼了，難道我不活了嗎？我活得可高興了。」

外界強賦予女性多種角色——姐姐、妻子、母親。這些都要求女性按著各種標準去投入和奉獻，唯獨忘記了女性首先是她自己。

比起兩個人的孤獨，一個人更舒服

女人要肯定自己的價值，那就是——美不美看薪水，唯工作治百病。一旦釐清了這個順序，誰還為前男友痛哭，失戀一百天？沒那閒工夫為這些耽誤。

不將就，是難能可貴的品性

我年少時對都市獨立女性的認識，多來自香港TVB的電視劇。二十世紀九〇年代初，香港社會的女性自我意識開始覺醒，TVB電視臺製作的《壹號法庭》裡的丁柔、唐毓文是「女檢察官」，還有方家琪和程若暉這樣的「女律師」。《鑒證實錄》裡女法醫聶寶言的經典臺詞「我一直相信命運掌握在自己手裡」，今天回頭看，依然字字入心，意味深長。

這些獨立女性角色之所以深入人心，也和演員的自身經歷有關。因為TVB很多職場劇的女主角都有高學歷，她們就算不進演藝圈，也是可以獨當一面的社會菁英。

比如宣萱——倫敦帝國理工學院材料工程學學士；郭藹明——南加州大學機械工程學碩士；陳慧珊——波士頓大學傳播學碩士；佘詩曼——瑞士國際酒店管理大學學士。所以我們看這些職場劇並不感到違和，也是因為她們自帶知識女性氣質的原因。這些女性的現實生活也都過得從容不迫。

宣萱四十九歲，沒結婚生子，也從來不介意談年齡，拍戲、健身、周遊世界，臉上的笑容真實、明亮。

李若彤五十多歲，保持健身習慣二十年，二〇二一年出了一本描寫自己如何保持開朗心境、優美體態的新書《好好過》，活得元氣滿滿。

佘詩曼四十五歲，也不急著戀愛，記者八卦她時她的回答是工作最要緊，如今身價過億，卻說愛美是她的終身職業。

她們就像亦舒筆下的女郎那樣，相信愛情是錦上添花的東西，提升自我、獨立聰慧才是最緊要的事。

曾幾何時，網路上非常流行這麼一句話：「高品質的單身，勝過低品質的戀愛。」從前不覺得，可是如今年歲長了，越是品味這句話，倒是越有一番滋味了。

越發覺得，不將就，是多麼難能可貴的一種品性。

霓虹城市，行走在人群之中的你，卻是無人可信任；萬家燈火，卻沒有一盞屬於你；一個人生活在陌生城市是如此的孤獨，需要溫暖、需要慰藉是再正常不過的事情，但如果僅僅因為暫時的孤獨，而讓自己沉溺於乏味如雞肋的情感中，那是再愚蠢不過的事情。

我的同事陳爽是個平凡、純樸的女孩。面色白淨，很少化妝，經常穿著簡單的牛仔褲和白T恤。她做的是行政工作，每天過著朝九晚五的生活，沒有太多的挑戰，日子波瀾不驚。

聊天中我才得知，陳爽自小在單親家庭長大，父母各自再婚以後，她便早早地一個人出來租房子住。從言談舉止中，我發現這個女孩心思單純，可能因為原生家庭的關係，略帶卑微討好型人格。

陳爽的懂事、知禮讓我頗為心疼，平時工作中我也對她給予些力所能及的照顧，出差會給她帶禮物。這樣相處下來，陳爽對我是知無不言，言無不盡。

前幾天，她忽然面帶羞澀，湊到我耳邊說，她戀愛了。這讓我有些驚訝，怎麼突然就戀愛了呢？她告訴我，對方是她租房的樓上鄰居，兩人在附近的超市碰見，男孩跟她搭訕，彼此才認識。男孩誇讚她做飯的香味誘人，老是飄上樓，讓人垂涎欲滴。這讓甚少被人誇獎的陳爽欣悅不已。

週末的時候，男孩主動帶著水果下樓來蹭飯吃了。一來二往之下，沒過多久，男孩便對陳爽表白。戀愛經驗為零、從小無人追求的陳爽哪遇見過這種場景，心中既是歡喜又是激動，一直期待愛情、期待家庭的她，不假思索地答應了他。

「你對他瞭解嗎？這麼快在一起會不會太倉促了？」看著眼中帶笑的陳爽，我小心翼翼地問道。

而陳爽卻不以為然，此時她的心早已飛到出租房裡，想著今天要去菜市場買排骨，給心愛的他做可口的菜肴。

戀愛後的陳爽變得十分忙碌，以前每天準時上班的她，現在竟然偶爾會出現遲到、早退。主管細問之下，陳爽卻是滿臉無辜地說，菜市場有些菜品過了時間就買不到，不能耽誤晚上的飯菜。這讓主管氣得直搖頭，直嘆戀愛讓女人瘋魔。

我本想找時間好好跟她聊一聊，可是陳爽每次都行色匆匆，就算是有時間在茶水間聊一會兒，她也滿嘴講著自己的戀愛細節。

「你是說，你在家負責做飯、洗碗、打掃衛生，而你男朋友卻只負責玩手機？」面對我滿臉的不可思議，陳爽卻不以為意地點了點頭。「是啊。你不知道，看著別人吃我做的飯菜露出滿足的表情，比什麼都開心。洗菜、洗碗都是小事。」

聽罷，我心中只能一聲嘆息。我知道此時無論說什麼，陳爽都聽不進去，她的眼中只有自己的男朋友。

工作心不在焉的陳爽終於捅了婁子。陳爽那天值班，卻擅離職守跑到樓下的超市買菜，錯過了總公司打來的一個指示電話，致使她的上司耽誤了一項重要工作。

陳爽被停職了。她停職快一個月的時間，我偶爾發短信問候，卻是經常收不到回信。就在我本以為她要主動放棄工作時，卻在某個夜晚接到她打來的電話。電話裡的她語帶哭腔，說原來他只是把自己當做免費的廚娘，在得知她即將失業以後，竟然提出飯菜錢要AA制。

「陳爽，你要知道，高品質的單身勝過低品質的戀愛。這段戀愛讓你失去了自己，難道還要讓你失去工作嗎？」說罷我便掛了電話，輕嘆了一口氣。

出乎我意料的是，三天後我重新在公司門口看見了陳爽。只見她依舊梳個馬尾辮，眼神溫柔而篤定。她來告訴我，現在又恢復了單身狀態。

我笑了笑，在她肩上拍了兩下。知道及時止損，懂得從不健康的關係中抽離出來，這份智慧難能可貴。

由於以前陳爽表現不錯，再加上她認錯態度誠懇，公司考慮再三還是給了她機會。不過卻不是在行政部了，而是調到銷售部。在知道陳爽選擇銷售部的時候，我略感驚訝。以我對她的瞭解，她似乎並不喜歡這類工作。然而讓我意外的是，陳爽沒有任何猶豫，很快便全心投入到新的工作中。

陳爽經常加班，熟悉銷售管道和產品知識，也經常跟著銷售主管在全國飛來飛去，到處參加展會，推介產品。就連一貫頗為苛刻的銷售主管都幾次誇讚陳爽，直言這個女生敢拼敢做。

陳爽出差回來後，我看她好像跟以前不一樣了，卻很難言明到底是哪裡改變了。直到年終酒會，看見陳爽從總裁手裡接過銷售冠軍獎牌的時候，我才明白是哪裡不同。

「我要好好謝謝我的前男友，是他讓我明白工作有時候比愛情更可愛，單身有時候比戀愛更幸福……」陳爽說完感言，不由自主地與我對視了一眼。我不禁心中頗為感慨，女人的成長便是從享受個人的自由開始的。很顯然，陳爽明白這個道理為時不晚。

靠《吐槽大會》「出圈」的脫口秀演員楊笠說：「我解決問題的辦法是管好自己，如果每一個女生過得更好了，覺得男生不喜歡我，無所謂，那問題就解決了。」

「無所謂」這種態度，首先是女人要肯定自己的價值，那就是——美不美看薪水，唯工作治百病。

一旦理清了這個順序，誰還為前男友痛哭，失戀一百天？沒那閒工夫耽誤。

你是媽媽，更是獨立的自己

可以說大部分中國女性逐漸失去自我，是從結婚、懷孕之後開始的。她們在懷孕以後，想的幾乎都是再堅持九個月，孩子生下來就好了。

生了孩子以後，又想，再堅持幾個月，等孩子不喝母乳就好了。

然後繼續想，再等一年孩子學會說話、學會走路就好了。

然後年復一年，想等孩子上幼稚園、上小學、上初中、上高中、上大學、進入社會工作、結婚、生子……活成這樣的女人一輩子都在為丈夫、孩子操心。這就是中國式傳統下的妻子、媽媽，勤勞、樸實、任勞任怨，把好吃的、好用的留給孩子和老公，自己總是湊合一下、將就一下。

她們以為付出是幸福，結果不僅沒有得到孩子和老公的尊重，還在婚姻中丟失了自己。下面我要講幾個案例，希望這樣的媽媽能看到，也能夠被警醒。

小思和丈夫是大學校友，在一次校友聚會上相識，因為同在異鄉為異客又有校友這層關係，兩人談戀愛不到一年就結婚了。

小思學的專業是民族學，在一家展覽館做民俗研究工作。剛結婚那會兒，小思遇到了一個升職加薪的機會，但前期需要加班，付出的相對多一些。小思覺得這是個機會，不想錯過，可每次加班到深夜回家之後，換來的卻是老公的不理解和婆婆的不滿。

老公說：「結婚後第一件大事是生孩子。剛結婚你就這麼拼，考慮過我媽的感受嗎？」婆婆也附和：「好好養身體，懷孕生孩子才是你的大事。不好好在家待著，拼死拼活賺錢有什麼用？」

考慮到是新婚，考慮到夫妻之間需要相互體諒，小思放棄了那次升職的機會。此後，小思如夫家所願懷孕生子，孩子的到來確實是快樂的，也是磨人的。

眼看孩子已經到了快上幼稚園的年齡，小思認為以後自己會有點時間做自己想做的事情了。可是孩子上的雙語幼稚園比較遠，老公出差多，婆婆又不會開車，所以她要每天接送孩子去幼稚園和游泳課興趣班，結果發現自己根本沒時間做其他事情。

工作單位曾要派她去進修，但家裡不同意，再加上她也覺得孩子小沒時間，便眼睜睜地看著機會從自己的指縫中溜走。

這些年來，小思和老公的感情也越來越淡，經常是面對面也無話可說，似乎維繫家庭全靠孩子。加上工作上又停滯不前，她對生活感到彷徨無助。

此時他們夫妻過的是截然不同的生活：一個下班回家後享清福，玩遊戲、看抖音；另一個則是除了自己上班，還要接送孩子，回家了還有忙不完的瑣碎家務。

小思讓老公少玩遊戲，多陪陪孩子，但老公只是隨聲附和，並沒有實際的改變。由於長期的忙碌和壓抑，小思終於爆發了，她每次看到老公回到家只顧玩手機的樣子，就特別生氣，然後爭吵在所難免。但生活還是如此，她慢慢地對這個男人失望透頂，現在的婚姻對於她而言沒有半點溫暖，只有冰冷的感覺和無盡的操勞。

這種把自己活成家裡的免費勞動力、沒有話語權的局面，讓小思在婚姻裡越來越沒安全感。丈夫出差回來晚了，她開始懷疑丈夫有外遇，會翻看丈夫口袋查找蛛絲馬跡；孩子有點頭疼腦熱，她就緊張過度到請假照顧不去上班。惡性循環的後果是，工作單位績效評分她已經排到最後一名了。

她幾乎是哭著找到我，要我幫她走出現狀。我給她三條建議：

首先，勇敢成為自己。

所有婚姻幸福的前提，都是先找到自己，成為自己。人的一生本來就是發現自我、實現自我的過程。猶太哲學家馬丁・布伯說過：「你必須自己開始。假如你不以積極的愛去生存，假如你不以自己的方式為自己解釋生存的意義，那麼對你來說，生存依然是沒有意義的。」

當然，我們需要很大的勇氣，才能觸摸到內心真實的感受；我們需要更大的勇氣，才能不只是想，而是透過言行來改變糟糕的現實，離真正的自己更近一點。

其次，保持自我，才能讓自己更有價值。

美國著名心理學家威廉・漢金說：「迷失自我的對立面，就是在夫妻關係中保持自我，這是幸福婚姻的祕訣。」

女人，在婚姻中一旦失去自我，就會言行沒有自信，被家人的情緒勒索。無論何時，女人都要懂得接納自我，要相信「我原本就很好」。在一個家庭中，媽媽、妻子只是你的身分，而不是你的全部。只有保持自我，才有能力去做讓自己更美好的事情，才能讓自己更有價值，並獲得家庭的尊重。

我對小思的建議是，工作單位任何出差和學習的機會都不要拒絕，而是努力去爭取，一定要騰出時間來學習自己最想學的新知識。

最後，你的快樂你做主。

當你聽到了自己內心的聲音後，從現在開始就試著說出自己想說的話，做自己想做的事情——可以先從小事做起。

我讓小思找個機會與丈夫做一次深談，說出自己的內心感受；自己的改變需要他的支援和理解。小思跨出了第一步，自己做主約丈夫去看一場浪漫的電影，吃一頓沒有人打擾的晚餐，並且自己買單。由於幾年沒有這樣輕鬆外出的生活，丈夫也十分高興，十分通情達理地認可了妻子想要做自己的想法。

第二步，小思向工作單位主動報名了夢寐以求的學習活動，來一場說走就走的遊學旅行。透過這次遊學，她回來寫了論文發表在權威期刊上，主管看到小思的改變，重新給她安排了更適合她的研究崗位。

第三步，小思開始合理利用時間，主動報名自己嚮往很久的車友會戶外活動，每個月給自己一個放鬆自己的機會。

西蒙‧波娃說過一句我很認同的話：「婚姻必須是兩個自主的存在的聯合，而不是一個藏身之處，一種合併，一種逃遁，一種補救辦法。」

所以，作為女人，你在親密關係裡獲得幸福的前提是，雙方都是獨立的人。

因此，學著放下自己在家庭裡的身分，放下家人眼裡的「你應該怎麼做」，好好問問自己這些問題：我現在快樂嗎？做什麼能讓我快樂？我想要什麼？我的夢想是什麼？我希望成為什麼樣的人？我滿意自己現在的人生嗎？有什麼事是我一直想做，卻沒有邁開步伐去做的？

當然，萬事起頭難。當你開始這樣做的時候，一定要堅持把想法付諸行動。如果你已經當了很多年的媽媽，卻始終沒有為自己活過；如果你每天忙於照顧老公、孩子，卻一直忘了關心自己……那麼是時候做出改變了。

每個人都應該有終生成長的意識，無論你多少歲，是姐姐還是媽媽，都要保持獨立，努力實現夢想，不斷提升自己。

♡好的婚姻生活，源於互相欣賞

香港女藝人蔡少芬可以說是娛樂圈裡的「炫夫狂魔」。半年前，她的微博帳號疑似被盜，蔡少芬就用丈夫張晉的帳號告訴大家：「自己號沒了可以用老公的，有老公在不怕沒帳號用。」

他們的恩愛秀得夠甜蜜夠高級。四十七歲的蔡少芬顯然在婚姻裡很有安全感，在綜藝節目《妻子的浪漫旅行》中也經常誇老公帥氣有型。

大家都知道，其實這段婚姻是女強男弱，在開始就遭受了外界不少非議。因為在大家看來，女強男弱的感情是不可能長久的。

尤其剛結婚那會兒，張晉的事業並沒有起色。每次拿到劇本，張晉就忍不住嘆氣：「臺詞能再多點兒嗎？」蔡少芬聽到後會安慰他：「戲少點好啊，可以輕鬆點。」蔡少芬的鼓勵和陪伴讓張晉從當初的一腔憤懣，變成現在的「只問耕耘、不問收穫」。

張晉二〇〇五年出演了王家衛的電影《一代宗師》，獲評第三十三屆香港金像獎最佳男配角。在頒獎典禮現場，張晉站在舞臺上感謝蔡少芬說：「我要感謝我的太太蔡少芬。有人說我這輩子都要靠她，我可以告訴大家，沒錯，我這輩子的幸福都靠她了。」臺下的蔡少芬熱淚盈眶。張晉用實力向大家證明了，蔡少芬沒有看錯人。

在《妻子的浪漫旅行》中，與其他嘉賓夫婦相比，這兩口子的相處模式是最令人舒服的，夫妻間默契到完全同頻，幾乎人人都誇蔡少芬有眼光。

十八歲當選港姐的蔡少芬，在她美得最張揚的年紀裡，她的臉上卻寫著憂愁與茫然。不長進的兄弟、嗜賭如命的母親、與富商的緋聞……那麼多的不能述與人知的憂愁，她都一個人默默承受。

相比從前紙醉金迷、患得患失的日子，婚後的蔡少芬自然更懂得理解的珍貴，如今這種看得見的踏實，現世安穩的一飯一蔬，兩人一世的甜蜜，才是真實的幸福。

我喜歡蔡少芬，是因為她一直在成長，知道什麼樣的年紀做什麼樣的事情。沒有一個家庭不需要經營，畢竟連養一盆花草都要記得澆水看護。這個曾經萬人喜愛，又歷經世間冷暖的女人，更明白人性的參差不齊，也更懂得生活要珍惜的本質。

眼前這個男人，既然是自己選擇的，那麼就是最好的。

雖然甜言蜜語人人會說，但往往希望別人對自己說。蔡少芬是個聰明的女人，如果甜言蜜語可以給愛人幸福，如果一份肯定可以讓愛人更信心十足地去拼搏，那麼多肯定、多讚美又何妨。

婚姻是放大鏡。沒有一段感情會完美無缺，要想成為一個圓，要想家庭更溫馨，就需要一份甜蜜的包容和肯定。

當發生爭執的時候，不要大聲指責對方「你太沒用了！」、「你怎麼連這點事都做不好」，不如嘗試著像蔡少芬那樣，用鼓勵的方式，委婉表達。假如你的先生不喜歡洗澡，與其斥責他：「你真是太髒了，我怎麼會嫁給你？」不如用溫柔的語氣甜甜地說：「在我心裡你最帥，但如果你清潔一下，會比彭于晏還有型，不是更好嗎？」

記得用溫柔的方式表達你的請求，用誇獎和暗示讓對方感受到你的愛意。好的婚姻生活，是兩個人的互相欣賞。因為懂得，才會去愛。因為去愛，才會讚美。因為讚美，更加深愛。

經濟獨立是單身的底氣

不幸的婚姻各有各的不幸。總會有人進圍城，當然，也會有人出圍城。

貝貝三十三歲，某創業公司合夥人。因為出差臨時回家，看到了丈夫出軌的一幕，無法忍受，果斷離異。

五年前，她只帶了一台筆記型電腦來到上海工作。那年的三月上海下起了雨，她記得自己摟著筆電在雨中奔跑的狼狽樣子。終於看到了一家小店，她進去給自己買了一把雨傘，告訴自己會撐傘的人不怕風雨。

她說剛出來工作那陣子，進地鐵附近的商場想買衣服，看上了一件連衣裙，趁銷售員不注意偷偷翻看價格標籤，裙子標價人民幣三千多元，她默默放下。離去的時候心裡想，要好好努力，以後買衣服可以不看價格。

如今貝貝依然單身，但日子充實。創業的電商公司忙到沒有時間偷懶，合作的商家需要洽談，天南海北的商品需要測試。但貝貝是個工作狂人，每次出去應酬，她都想著一定要簽單回來。她不怕加班，工作之外的時間都會泡在書店和圖書館。即使碎片時間也會用來聽書，學一些新知識。這樣堅持的結果是，終於可以財務自由了。

也許你沒有家庭背景，也沒有天賦神技，但時間是世界上最公平的東西。單身會讓你意識到工作的重要，努力的意義。你要的單身力，就是一個人自給自足的底氣。

在珍・奧斯丁的《愛瑪》（*Emma*）一書中，哈麗葉問愛瑪為什麼還不結婚。愛瑪回答：「我衣食無憂，生活充實，既然情愫未到，又何必改變現在的狀態呢？放心吧，我會成為一個富有的老女人，只有那些窮困潦倒的老女人才會成為別人的笑柄。」在愛瑪身上，我們看到了單身的底氣。

網路上有一個熱門提問：一個女人最大的底氣是什麼？其中獲得最多附和的回答是：經濟獨立。很俗氣，但是很正確。

所以，你說為什麼要努力工作呢？因為只有努力工作，才會讓你面對生活有主動選擇權，這是身為一個女人要有的底氣。

單身時間是自由的，也是寶貴的，這是給自己增值的黃金時期。你可以一個人去旅行，看遍世界風景；你也可以努力工作，達到自己的既定目標；你還可以嘗試做一些運動，讓自己身體更棒。

親愛的女孩們，請學會與自己相處，和自己談一場天荒地老的戀愛。你永遠是自己的知己，是自己的親人。無關風月，只關成長。兩個人不要將就，一個人從不孤獨。

女人私房話

二十幾歲的時候，我羨慕的是街角熱烈擁吻的小情侶；而三十幾歲後，我羨慕的是晚飯後一起手牽手散步的中年人，是相互攙扶著在菜市場買菜的白髮蒼蒼的老夫妻。

對愛人感恩，陪伴是最長情的告白

當你渴了需要一杯溫水的時候，當你累了需要一個肩膀的時候，當你孤獨需要一個相守的靈魂的時候，你會發現深情最是久伴，那些山盟海誓的話遠不及觸手可及的陪伴重要。

願來日會有一個人帶著溫柔向你奔赴而來，讓你再也不會回眸從前等待的歲月。

《積存時間的生活》是一部讓人看了感覺很溫暖的日本紀錄片。主人公修一和妻子英子兩個人住在日本愛知縣春日井市高藏寺新村。這裡有一片世外桃源般的樹林和一間漂亮的小木屋，是這對夫婦的家。

修一是一名建築師，酷愛帆船和航海，英子則是釀酒廠老闆的獨生女。六十多年前，身為遊艇隊長的修一帶著隊員，因為沒錢而借住在英子家，於是兩人相識、相戀、結婚。為了圓妻子的田園夢，修一年輕的時候就參與了居住地的設計和建造。那個時候的修一決定讓自己居住的地方能夠和大自然融為一體。

修一帶著英子來到這裡，親手為她搭起了田園木屋，開闢了菜園、果園。木屋的西面有二十一塊田地，兩人在這裡種了近二百棵樹、五十多種水果和蔬菜。

田地裡一年四季翠色延綿，果蔬花草不斷。修一會在每種果蔬前做可愛的小木牌，上面是他手寫的各種關於蔬果的俏皮話。等果子成熟，夫妻倆會寄給孫女和朋友們。

英子每天會精心烹飪美食，果樹上的酸橘、梅子，土裡的草莓、馬鈴薯，到了她手裡都能被烹飪成美味佳餚。兩位老人其實對飯菜的口味不太一樣，生活中兩人之間也存在著許多其他不同，但是這些差異卻被他們巧妙地化解了，反而讓婚姻更加甜蜜溫馨。

比如，修一愛吃各種馬鈴薯的食物，而馬鈴薯恰恰是英子最不喜歡的食物；修一愛吃海苔米飯配味噌湯的傳統日式早餐，而英子卻愛吃抹著果醬和奶油的西式麵包早餐。但是，英子卻不嫌麻煩，她每天都會做兩種不同的早餐，並且經常單獨做馬鈴薯美食給修一吃。修一不愛吃水果，於是英子每天早晨的第一件事就是去園子挑選水果榨成果汁，然後陪著修一一起喝果汁。

這樣的陪伴，無須言語。英子只淡淡說一句：「我的心願就是聽到他說好吃」，就可以令我們深信這一份長久的相守是人間最值得的事情！

每次兩位老人坐在一起吃飯時，我都會覺得很甜蜜。英子總是用心做著修一最愛吃的食物；而修一總是很滿足地吃著她準備的飯菜。六十多年的朝夕相處，三百多平方公尺的庭院，每一寸都安放著這對夫婦的相伴相守、相濡以沫。

他們這輩子自然也會有爭吵和磨合，但因為懷有體諒之心，都順利渡過了。能夠擁有幸福生活，是因為夫妻兩人懂得婚姻生活的真諦——熱愛生活，互相遷就，充滿儀式感，對每一天都用心以待。

整個紀錄片看下來，你會發現這對夫妻對於生活、對於人生充滿了感恩和知足。

紀錄片裡有很多這樣的小細節：英子如果發現哪塊土地需要修一翻一下，就插上一塊手寫小牌子，上面寫著：「拜託了，修一！」修一搞定後，會插上一塊：「搞定了，英子！」這是夫妻間獨有的浪漫。

在英子去菜市場買菜的時候，售貨員向英子展示了修一寄給他們的感謝信。感謝信中除了一些感謝的話語之外，還畫上了修一和英子兩個人的素描畫像。這種暖心的浪漫，只有懂愛和感恩的人才能夠做得出來。

英子和修一將長久的婚姻生活過得充實而快樂，無論是爬樹還是上屋頂，無論是種地還是修剪樹木，你看到的是兩個活力滿滿的老人自力更生，赤子之心猶如少年。所以，愛不會消亡，陪伴是最長情的告白。兩個人長久不厭就是最浪漫的事，就是令人嚮往的婚姻生活。

這對夫婦在面對彼此的不同時，選擇的是尊重、包容和接納，而不是一心想著指責或改變對方。因為修一和英子懂得，在婚姻中每個人都是獨立的個體，都有自己的生活習慣和處事方式，求同存異才能令婚姻長久。

佛洛姆在《愛的藝術》中寫道：「愛是對所愛對象的生命和成長的積極關心。」讓被愛的人為了他自己的目的去成長和發展，而不是為了服務於我。

修一和英子的相處之道，體現了他們把對方當成獨立完整的個體看待，處處透露著接納和尊重。

然而，現實中的多數婚姻生活，卻往往缺乏這種尊重和包容心態，總是「以愛之名」去向對方索取和要求，卻體會不到對方的負面感受，從而引起爭吵和矛盾。

婚姻生活總歸會有各種雞毛蒜皮，夫妻兩個人肯定也會有諸多差異，而往往在瑣事、差異的處理上，才能看見我們是否真正愛著對方。因為一段長久的愛是包容、接納、尊重、感恩、陪伴。

風吹枯葉落，落葉生肥土，肥土豐香果。孜孜不倦，不緊不慢。人生就是一個不斷循環的過程。

看完這部紀錄片，讓人不怕變老。並且讓我相信，愛會讓我們活得更久，人生有伴很美好。

女人私房話

我們在影視劇裡越來越多地看到那些所謂新時代的女性們，她們英姿颯爽，敢愛敢恨，殺伐果斷，說一不二，雷厲風行……

現實中，對於很多追求獨立、自由、自主的女人來說，感性、溫和、脆弱是不獨立、個人力量不強的體現。我認為恰恰相反。當一個女人主動暴露自己的脆弱，敢於在人前展示自己的不足時，更容易與人產生共鳴、被人理解。

以柔克剛，在溫柔中慢慢變強

要盪氣迴腸、寵辱不驚，勢必要以柔韌的姿態迎合光陰，任風堪折，任雪無歇。最終，才會有將一生過得飽滿又生機蓬勃的底氣。

仔細想想，那些打動人心的歌，感動人心的文字，那些能夠深入我們內心讓我們覺得安慰的話語，通常都是因為洞悉了我們內在的脆弱，洞悉了我們對溫暖的渴求，才給予了恰到好處的慰藉。

我鼓勵女人做一個溫和的人，不必處處咄咄逼人，活得像一個聖鬥士，這種太過於求認可的價值觀，很可能會有適得其反的效果。相反，如果你溫和、篤定地表達自己，有自己獨立的價值觀、世界觀，這樣的力量溫和而強大，才能持久地、潛移默化地影響他人。

前不久逝世的美國最高法院大法官露絲・拜德・金斯伯格，讓許多人緬懷。可以說，金斯伯格的價值已經超越了一名大法官，她關於女權主義的思考和價值觀影響了全世界許多人。電影《RBG：不恐龍大法官》再現了金斯伯格的一生，也掀起了全球的金斯伯格熱潮。

金斯伯格出生於美國經濟最低迷的大蕭條時期，父母是猶太人。作為星條旗下的猶太裔，在那個視女性為符號的時代生存、工作，往往比我們現在更為艱難。

一九五六年，金斯伯格成為哈佛大學法學院錄取的九名女生之一。當時該學院約有五百名學生，院長這樣問過他的女學生：如何為自己取代男學生的位置辯護。當時的性別歧視，由此可見一斑。

儘管金斯伯格當年畢業成績位列全班第一，但是她卻沒有收到一份工作邀請。用金斯伯格的話來說：「我知道有三個原因：我是猶太人，一個女人和一個母親。」

進入律師事務所之後，金斯伯格的心逐漸覺醒，她明白當今世道女性之艱難，從而更加篤定要成為一名為女性發聲的人。她的發聲是溫柔的，但卻句句擲地有聲。

一九七一年，金斯伯格在最高法院做出了她第一次成功的辯護。當時她提交了梅爾文訴里德案的主要陳述書，這是美國一個著名的為男女平等而戰的案例。金斯伯格研究了男性是否可以自動優先於女性作為遺產執行人，她這麼解釋：「女性有權享有生命和自由的正當程序保障以及法律的平等保護。」

最終，最高法院同意了金斯伯格的觀點，這是最高法院首次以性別歧視為由否決一項法律。這雖然只向男女平等前進了一小步，卻是關鍵性的一步。

金斯伯格總是把自己比作「幼稚園老師」，向全是男性的法官解釋性別歧視。她贊成漸進主義，認為明智的做法是逐步廢除性別歧視的法律和政策，而不是冒著風險要求最高法院廢除所有對待男性和女性不平等的規則。

多年來，金斯伯格已經成為新時代女權主義的一個符號。在她的手中，女性墮胎是基於自己生育權的選擇，同性婚姻在美國五十個州變成合法婚姻……一個個推動平權進步的法案和判決誕生，她宛如一顆明亮的星星不斷指引著女權運動和身心障礙者權益運動向前發展。

令人意想不到的是，與她在法庭上的雷厲風行、堅持己見相比，朋友評價她私下生活中的性格是溫和安靜的。不僅如此，她甚至能與和自己持相反意見的保守派法官做朋友。儘管彼此政見不同，下班之後兩人卻能夠談笑風生，一起去看歌劇。

金斯伯格的一生告訴我們，溫和的女性就好像靜水深流那樣，潤物細無聲。

LESSON 5

|自律篇|

自我管理，是通往自由的必經之路

女人私房話

功夫花在哪裡是看得見的。要舞蹈跳得好，臺上一分鐘，臺下十年功。要身材一級棒，管住嘴，邁開腿，離不開長年累月揮灑汗水。要業務能力強，需要用笨鳥先飛的心態，下足苦功夫。想做到最極致的自律，要有點和自己較勁的精神。

極致的自律，要有點較勁的精神

一個女人之所以長久美麗，是因為她們由內而外散發出獨特的氣質。而「氣質」這簡單的兩個字需要長期的自律來保持。你想變美，你想變好，但光想是不夠的，唯有超強的執行力才可以令你破繭成蝶。

女作家嚴歌苓在小說《天浴》裡寫過一句話：不管什麼時候，做個不湊合、不打折、不便宜、不糟糕的好姑娘。

嚴歌苓可謂女作家裡最自律的人之一。

生活中，每天即使不出門，只是對著電腦寫作，她也要化妝、穿自己喜歡的衣服，堅持鍛鍊身體，讓自己更健康一點、更漂亮一點。

寫《陸犯焉識》的時候，嚴歌苓去青海體驗生活，做前期準備工作花費的錢，需要賣十萬本小說才能賺回來。而《小姨多鶴》的故事藍本，在嚴歌苓心裡「養」了十幾年，卻遲遲沒有動筆。好朋友陳沖問她為什麼不寫，她說自己沒在日本生活過，不瞭解日本女人的心理。

後來她特意找時間去日本鄉下住了一段時間，每天請翻譯來和日本女人打交道，瞭解日本女人的心理。嚴歌苓這種不計成本、花時間、費精力的堅持，是一種令人敬佩的職業精神。這樣的自律，是包含了責任心的，是需要深深刻於內心的約束力，或者說紀律感才能做到。

凡事要盡你最大的努力，才能得到最好的結果。所有的「不可能」，咬咬牙堅持下來，也許就變成了「可能」。

所謂自律，都是從「感覺吃力」到「毫不費力」，中間盡是不為人知的用盡全力。

女人私房話

儀態是女人的第二張臉。當一個女人站有站姿，坐有坐姿，一顰一笑都明豔動人，這種深入骨子裡的魅力，會讓人覺得美得不可方物。

儀態修練，成就持久的美好

古人形容：「所謂美人者，以花為貌，以鳥為聲，以月為神，以柳為態，以玉為骨，以冰雪為膚，以秋水為姿，詩詞為心。」一個美好的女人，她的美定然是從內到外全面展現的，包括得體的儀態和裝扮、舉手投足間恰到好處的風姿、彬彬有禮的言行等。

倪妮的儀態是非常好的，從《金陵十三釵》、《重返二十歲》再到《流金歲月》，在各種影視作品中，她的出場總是讓人眼前一亮。

二〇二一年，倪妮應邀參加了中央電視臺的春節聯歡晚會，表演了小品《開往春天的幸福》。倪妮一登場，觀眾就被她絕佳的氣質迷住了。在小品裡，倪妮一頭俐落的短髮，配上清秀的五官，整個人散發出別樣的魅力。出眾的身材配上風情萬千的儀態，就連隨意坐在椅子上都讓人的視線捨不得移開。

看完這個小品的網友們紛紛表示，小品的內容可以忽略，因為全程都在看「伏地魔」的腿，特別是她蹺著腿的時候，那氣質真是美絕。

女人之美，儀態為先。倪妮本身並不是傳統意義上的美女，沒有巴掌大小的瓜子臉，兩眼間距也略寬，但卻靠著獨有的氣質與儀態在眾多女明星中脫穎而出。

倪妮的好儀態，是張藝謀導演訓練出來的。當初他選擇倪妮出演《金陵十三釵》中的玉墨，是因為看中倪妮清純中帶著性感，符合玉墨這個人物的特點。但當年的倪妮是一個沒有任何電影表演經驗的學生，與玉墨的儀態和氣質要求還有差距，這讓張藝謀導演很頭疼。

時間緊迫，張藝謀導演特意找到了上海世博會、深圳大運會的首席形體儀態訓練專家楊靜怡，專門指導倪妮進行儀態訓練。楊靜怡老師是一個三百六十五天都穿著旗袍，對自己要求很嚴格的女人，她說旗袍對女人的形體要求是最高的。伸脖、塌腰、聳肩、駝背、含胸……這些看似很普通的儀態問題，實際上會毀掉一個人的整體形象。而只要按照旗袍形體的標準修練好形體，不管穿什麼衣服都會好看。

從調整肩頸，含蓄傳遞小性感，到修練出尖下巴、天鵝頸，再到堅持挺拔美背，令人自信倍增……對坐姿、背影等每一處細節都加以練習，才最終有了倪妮大銀幕上美得百轉千回的好氣韻。

美人在骨不在皮。隨便一張照片都風情萬種的女人，必然是一個對自己要求高的人。所以，我們不僅需要做好面部的保養，更要從生活中的點滴做起、練起，不斷改善儀態，讓自己看上去更精緻、更勻稱、更有氣質。

以下就是一些改善儀態的小竅門。

女孩子有一張好看的臉是很加分的。可是很多人不知道，原來呼吸也會改變一個人的容貌。英國科學家們曾經做過一個調查，發現從小習慣用口呼吸的人，會發生嘴唇外翻、下巴後縮等面部變化。因此，若是發現自己有用嘴巴呼吸的習慣，最好趁早改正。

有些女性會有大小臉，其實這也和日常的行為習慣有關。這些人在吃東西的時候，咀嚼的部位有所側重，導致臉一側的咬肌更為發達，久而久之，大小臉也就越來越明顯了。所以，當你在吃東西的時候，不僅要小口慢慢吃，還要有意識地使用兩側的咬肌交替吃，這樣會讓臉更勻稱。

我們常說站要有站姿。看似簡單的站姿，實際上有很多的功夫在裡面：肩膀需要打開，不能聳肩，脖子不能前傾，下巴往回收，同時要收腹提臀，雙手緊貼大腿。如果偷懶，其中有一項沒做到，整個體態就垮了。這樣的站姿訓練，每天在家可以練習半小時左右，逐漸養成習慣，幾個月之後你就會「站有站相」了，人也會顯得更挺拔。

坐姿當然也是十分有必要訓練的。如果穿的裙子比較短，坐下以後一定要併攏雙腿，或者把包和書等恰到好處地放在膝蓋上，既防走光也顯得優雅。當你坐下以後，切記雙腿不要亂動、亂抖；身體不要前俯後仰，脊背彎曲會顯得人不精神、沒氣質。在比較正式的場合不要蹺二郎腿，下顎稍微抬起，才會顯得更有自信。

一個女人之所以美麗，是因為她們由內而外散發出的獨特氣質。而「氣質」這簡單的兩個字，需要長期自我管理的好習慣來養成。你想變美，想變好，若僅僅只是「想」是不夠的，唯有超強的執行力，才可以令你破繭成蝶。

女人私房話

我時常鼓勵那些不能自己堅持鍛鍊的人，應該去健身房鍛鍊，因為氛圍很重要，當你看到那些身材勻稱、腹肌結實、背肌美好的人都在汗流浹背地健身，會讓你放棄想偷懶的想法，重新充滿鬥志加入健身的隊伍。

運動，讓你遇見更好的自己

你一定羨慕那些擁有馬甲線、好看背肌的女生，你看到的只是她們的好身材，卻不知道她們背後為此付出了多少汗水。所以，可以毫不客氣地說，如果你沒有為健身付出長期的努力，就沒有資格說減肥失敗、增肌沒效果。

一個喜歡運動的女生和一個平時不怎麼運動的女生站在一起，你會很容易發現，即使兩個人身高體重相差不大，但愛運動的那個看上去會更勻稱、更輕盈、更有朝氣。

我最喜歡的好萊塢女星瑞絲・薇斯朋主演過《金法尤物》，更是憑著《為你鍾情》拿下了奧斯卡影后。這位年過四十歲，身高一百五十六公分，長相不屬於傳統美豔型的女明星，卻是好萊塢隱藏的頭號人生贏家！

即使已過不惑之年，二〇二一年瑞絲・薇斯朋依舊在《人物》雜誌「世界最美女人」的評選中佔據了亞軍的位置。雜誌上的她明豔動人、曲線玲瓏，整個人的線條都呈現出一種多年運動賦予的自然美。

瑞絲・薇斯朋是骨灰級的跑步愛好者，在公園、馬路邊、山坡上跑步打卡是這位實力派演員的日常，跑五公里或十公里更是家常便飯。

曾經有記者問瑞絲・薇斯朋，會不會靠吸脂瘦身之類的整形來保持火辣身材。她自信地告訴記者：「不會，我會堅持每天跑步。我堅信，只要不懈鍛鍊，就能長久保持美好的身材！」她覺得運動是一種生活方式，堅持運動可以保持身材，每當穿上那些漂亮的禮服心情就會更好，可以讓自己充滿戰鬥力，去完成一個個具有挑戰性的工作。

歲月對瑞絲・薇斯朋這樣自律的女人總是偏愛有加的。這份容光煥發是運動帶給她的美麗，這讓身高並不具備優勢的她，舉手投足之間盡顯光彩。

是時候給自己一點動力了，動起來吧，只有動起來才能遇見更好的自己。

日本名作家村上春樹每天早上跑十公里，一跑就是三十多年。

他有一句名言：「跑步成為我日常生活的一根支柱。只要跑步，我便感到快樂。在我諸多習慣裡，跑步是最有益的一個。」

你關心的問題來了：缺乏運動的人要怎樣開始跑步鍛鍊？

我，一個曾經五百公尺都跑不下來的人鄭重告訴你，如果想超越自己，不妨慢慢來，但一定要每天堅持跑一點。如果一開始跑五百公尺不行，可以先從快走做起，根據身體的適應能力，逐步增加距離和提高速度。記住欲速則不達，但只要跨出鍛鍊的第一步，總有一天可以成為更好的自己。

大概長期運動的人才會懂得——重要的是看上去很美，而不是站上體重計很輕。

當你開始享受運動流汗之後煥然一新的感覺，累積的脂肪也會悄悄地變少。我大概是在堅持快走和跑步三個半月之後，精氣神有了很大的改變，幾個月不見的朋友再看見我時，說我看上去瘦了好多，更有精神了，眼睛裡有光芒。

當我們能控制自己的身材，就能更好地掌控自己的生活和人生。堅持自己喜歡的運動，會讓自己變得更優秀、更美好。

女人私房話

幸福感是一種自我創造和肯定的過程。而衡量一個女人能否獲得幸福感的關鍵是：你不需要用別人定的條條框框來約束自己，而是能按自己想要的方式去生活。

不斷突破自我，是最高級的自律

曾經有人問我：女人到了一定年齡，真的是只要找到對的人、對的地方，就可以幸福一輩子嗎？

我很認真地告訴她：沒有一種幸福感是可以靠外界來獲得的。

二〇二一年，奧運會射擊冠軍楊倩在冠軍臺上露出自己漂亮的美甲，讓無數人破除成見，看到了運動員也可以有顏值、愛漂亮讓自己更快樂。婚紗設計女王王薇薇七十歲可以穿露背裝、開派對、跳熱舞，誰不羨慕她可以恣意地生活呢？

在二〇二一年新一季的綜藝節目《乘風破浪的姐姐》中，姐姐們被要求按重要性給「自我、伴侶、孩子、父母」排序。五十歲的楊鈺瑩把「自我」排在第一位，其次是「孩子」、「父母」，最後才是「伴侶」。楊鈺瑩坦言：「愛情和婚姻就如蛋糕上的櫻桃，只是點綴自己的生活，不能成為生活的全部。」顯然，在人生排序這個問題上，她做出了自己的選擇——愛自己才是第一位的。

在我看來，像楊鈺瑩這樣懂得把自我放首位的人，是更為理性健康的。因為愛他人的前提，是先好好愛自己。一個懂得愛自己的女人，一定是自律又自由的，能在漫長的歲月裡對自己溫柔以待，才有能力理解、包容和愛別人。

楊鈺瑩年輕時以甜歌紅極一時，之後隱退。此後的很多年，楊鈺瑩去澳洲遊過學，她堅持鍛鍊，經常爬山、旅行，過著簡單的生活。偶爾出現在廣州音樂人的微博裡，也是一副不問世事的甜美模樣。

內心強大的人，才可以不把歲月寫進眉梢眼角。這種美好的狀態在《乘風破浪的姐姐2》裡展露無餘。節目播出後，楊鈺瑩的唱跳讓大家都驚呼，聲音怎麼還能像二十多年前一樣甜美？

在鏡頭裡她眼神清澈，對每個人都禮貌有加，說的每一句話都貼心、善良，姿態優雅。當董潔和呂一說自己曾經給她伴過舞時，她沒有擺出前輩的姿態，而是羞澀一笑，給她們以溫柔的擁抱。

幾十年的人生路，人生巔峰有過，人生低谷熬過。厲害的是歷盡千帆之後，朱顏未改，聲音未變來到這個殘酷的舞臺上，最終憑實力又獲得大家的肯定。這本身就是一件突破自我、十分勵志的事情。

從前我也懼怕衰老，害怕皺紋，而我現在卻是如此坦然地面對歲月。我只怕自己甘願當井底之蛙，不願突破眼前的藩籬；我怕自己喪失勇氣，不敢進入那些從未曾涉足的領域。

曾經有人問我：如何定義女性最高級的自律？在我看來，便是不斷突破自己的局限，不斷拓展自己的邊界，從而擁抱更廣闊的世界，令自己成為不一樣的風景。

「人民英雄」國家榮譽稱號獲得者陳薇院士便很好地詮釋了自律愛己的最高境界。那日我坐在電視機前，觀看國家抗擊新冠肺炎疫情表彰大會。當我看見陳薇院士身穿軍裝，英姿颯爽地走上頒獎台時，心中不由得想起了《木蘭辭》中的這句：「萬里赴戎機，關山度若飛。朔氣傳金柝，寒光照鐵衣。」鏡頭裡的她既從容又篤定，雖未施粉黛，面容不再青春，但整個人卻熠熠生輝。

在工作中，她每天面對的是炭疽、鼠疫、伊波拉這些致病微生物，在實驗室中與這些病原體「短兵相接」，只為找到抗擊病毒的最好方法。

二〇〇三年SARS疫情的時候，陳薇帶領團隊在負壓實驗室中研究預防SARS的藥物。為了爭取時間，她常常在裡面一待便是八九個小時，直到缺氧頭痛才出來休息。最終，她在全世界首先證實他們所研究的干擾素能有效抑制SARS病毒的複製，一萬四千名預防性使用「重組人干擾素ω」噴鼻劑的醫護人員無一例感染。

當伊波拉在非洲大陸上肆虐的時候，陳薇又帶領團隊前往獅子山，絲毫不畏懼伊波拉致死率高這一特點，研發了全球首個進入臨床的2014基因型伊波拉疫苗。

新冠肺炎疫情爆發時，陳薇更是義無反顧地踏上了前往武漢的列車，將心血傾注於新冠肺炎疫苗的臨床研究，完成了屬於她的使命。

脫下軍裝的陳薇五官清秀，平時的她酷愛旗袍的秀美與蘭花的馥郁。生活中，她愛一切美的事物，盡可能吃得清淡，見素抱樸，保持身心的健康。

陳薇似乎從不讓偏見和性別成為禁錮自己的鎖鏈，她不斷給予自己超越的力量。愛自己獨處時的溫婉美麗，更愛自己工作時的專注嚴謹。女性的力量應該就是這樣，於無聲處聽驚雷，於春風處花自開，如行雲流水般自在。

電影《戰狼2》中女主角的原型據說便是陳薇院士。但是在我看來，陳薇的卓越成就以及不斷自我突破的人生態度，很難用鏡頭來展現。

猶記得獲得國家勳章以後，陳薇在接受新華社記者採訪時，指著自己的髮鬢微笑著說：「我剛到武漢時幾乎沒有白髮。」透過鏡頭，我們可以依稀看見她兩鬢的霜雪，但誰能說那銀絲白髮不美麗？不是勳章的一部分？

當你有了自己獨立於世界的內心力量，當你內在豐盈有力，外在優雅自信，總有一些什麼會在時間流逝後沉澱下來。

LESSON
6

| 品味篇 |

獨有的魅力，
讓你優雅地走向成熟

女人私房話

時至今日，我們依舊可以在互聯網上看見許多人懷念香港電影黃金時期的女演員們。抖音上經常有美妝博主仿妝李若彤版的「小龍女」，微博上朱茵的「紫霞仙子」等港片女神頻頻登上熱搜，周海媚版的「周芷若」更是 bilibili 視訊短片的熱門素材。

曾經的女神們如今年齡皆已不惑，那些經典角色也都已距今二十多載，可是為什麼這些跨越了時光的美人們總是不停地喚起我們的回憶呢？我想，根本原因在於她們的美麗各有千秋，因此她們的一顰一笑才讓觀眾印象深刻，久久難忘。

找到獨屬於你的個人特質

讓人印象深刻的並不是那些貌似標準、完美的網紅臉，而是你個人獨一無二的特質。因為獨一，所以無二，珍惜得當，自會增值。

林青霞飾演的東方不敗身穿紅衣坐在河邊喝酒，豪邁瀟灑，美得大氣磅礴；張敏扮演的趙敏長身玉立，騎在高高的馬背上回眸一笑，模樣英氣，但是神態卻略帶嬌嗔；而個子嬌小的邱淑貞，性感魅惑地坐在那裡，嘴裡叼著一張撲克牌的場面，更是電影中的經典片段。

反觀如今，網路上「網紅」雲集，她們曬豪車、曬自拍，但是往往提起她們的名字，卻很難想起她們的相貌。曾經有網友開玩笑說，若是網紅們聚會，我們怕是都成了臉盲症患者。

所以你要記得，讓人印象深刻的一定是你個人獨一無二的特質。因為獨一，所以無二，所以才會被人珍藏於心。

林青霞的美麗層次豐富，年少時清純動人，中年時嫵媚與英氣並存。張敏臉型略顯方正，沒有如今標配的尖下巴，但是正因如此，她的氣質英氣颯爽。周海媚的眼距略近，這使得她眼角含淚時分外打動觀眾，宜喜宜嗔。

你、我、她的五官不同，眼神不同，氣質亦不同。正是這份不盡相同，才使得每個人都如此特別。

當你真正發現屬於自己優勢，找出自己五官或者氣質的記憶點，就找到了屬於自己的特點。當你放大自己的優點，你的美也可以讓人過目不忘。

女演員馬伊琍曾經在上海戲劇學院擔任藝考考官。因為看出一位來面試的女考生是「整容臉」，她提出疑問：「你這鼻子整得疼嗎？」考生不置可否。

馬伊琍接著闡述自己的觀點：美這個東西，天然是最重要的，後天加工會失去原有的味道。你要接受自己，對自己有信心。而藝術院校如果收了這樣的學生，其實對年輕人來說並不是一種好的引導。

深以為然。當下大多孩子以為演員就是要好看，卻忽略了表演的本質。作為一個演員，不僅是要美，而是應該能勝任美的、醜的、胖的、瘦的各種角色，內心的自信才是最重要的。

馬伊琍是一個對美有清晰自我認知的女性。大家想起她，就會立刻想到她標誌性的短髮，可以很女人又可以很颯爽；平時牛仔褲小西裝上街頭，隨性又大方。

當一個女人能坦然面對自己的容貌、年齡，就證明活出了當下最好的樣子。

阿朵，亦是有著自己獨特魅力的女子。四十歲的她，本在歌壇消失已久，如今卻回歸舞臺，讓觀眾看到了屬於她的獨特美感，逆風飛揚，向陽而生。

以前，大眾給阿朵貼上的標籤是「性感」。也許是她給《男人裝》雜誌拍攝的寫真實在太有名了，又或是少數民族的她眉眼之間帶著天生的魅惑。如今因為《乘風破浪的姐姐》又回到舞臺中心的阿朵，卻讓我們看到了一個四十歲女人的美麗是那麼的風情萬種，讓人眼前一亮。

阿朵實在太適合混搭風了。那天的表演她穿了一件風衣，一邊是純正的灰白色，另一邊卻是淡淡的翠綠色碎花紋路，兩種簡單的時尚元素碰撞在一起卻迸發出意想不到的表現力，純色的一邊顯現出中年女性的從容與淡雅，碎花紋路卻襯托出內在成熟、豐富的氣韻，一個簡單的拼接實現了少女氣質與中年氣質的融合，凸顯了阿朵身上成熟女人的魅力。

阿朵說：「我不怕被定義為性感，但我怕只被人看到性感。」

這也是我喜歡的女性對美麗應有的態度。優雅的性感，高級而獨特，這就是屬於阿朵的不羈之美。

四十歲的阿朵，洗盡鉛華，看懂了自己，找到了屬於自己的美。

當她重新起航之後，我們看到了她那份獨一無二的美，曾經屬於她的性感標籤，被她瀟灑地撕了下來，靈巧地藏在了眉角眼梢、一顰一笑中，藏在了她努力創新的歌聲中，讓我們久久回味，念念不忘。

再說我自己。我的身高只有一百五十七公分，但從不苛求自己必須是大長腿。我的身材比例還可以，我就讓它成為優勢：穿著長度到腳踝的飄逸長裙，營造比較仙氣的感覺；偶爾需要幹練氣質的時候，就穿寬褲和修身的襯衫；色彩上以亮色、淺色為主，給人視覺上的愉悅感。

我們要的美，不是衣服漂亮，或多數人穿著漂亮，而是你穿這件衣服真漂亮；不是別人眼中流行的千篇一律，而是屬於你自己的揚長避短。

好的穿衣習慣，需要你瞭解真實的自己，揚長避短，突出優勢，讓自己更加自信。

當你有一天真的發現了穿衣竅門，那麼恭喜你，你已經解鎖了屬於自己的美麗密碼。

女人私房話

每到換季時節總是有許多女人焦頭爛額地望著自己滿櫃子的衣服，感嘆自己沒有衣服穿。而在我看來，其實你並不是沒有衣服穿，而是缺少搭配的思路，面對琳琅滿目的衣服時才會束手無策。

巧妙穿搭，你也可以很有型

一個人穿搭最為成功的體現是，讓人看到某類款式的服裝便想到你，這時你便有了屬於自己的獨一無二的鮮明「符號」。追求穿搭美麗不應該是「隨波逐流」，更不是「千篇一律、萬人同款」，而是用最適合自己的方式來打造獨特的魅力，這才是一個女人最高級的穿搭法則。

有些女生看見心動的衣服，就不管衣櫃中是否有同類型、同色系的衣服，衝動之下就匆匆把它們帶回家。穿過幾次後，新鮮感沒了，便發現此類衣服實在是難以搭配，往往便閒置下來。

經常有女孩私下來問我：曾老師，你的國風裙子很漂亮，實在太貼合你的氣質了，又大氣又優雅。能不能推薦一些衣服或者服裝品牌給我做參考啊？

其實，我不是專業的服裝造型師，在穿衣搭配上，我也曾有一段不堪回首的過去。身為南方人的我個子嬌小，肩部又有點寬，曾經的我卻執著於泡泡袖上衣、宮廷風裙子，實在是把我的缺點放大了幾倍。肩寬的人若是選擇此類上衣，整個上半身觀感便立馬膨脹起來。

後來，我終於解開了屬於自己的穿衣密碼。

首先，我搞清楚自己的膚色究竟是冷色調還是暖色調，藉此我才能更好地選擇襯托自己氣色的顏色。顏色搭配十分重要，款式再好看的衣服如果顏色不搭也發揮不出應有的作用。

其次，我找到自己身材上的優勢，那就是腿長，這樣我在挑選衣物的時候便更加有選擇性。我恰到好處地拉長自己的身材比例，毫無顧忌地穿起了長到腳踝的A字裙或短褲來展示我細長的雙腿。到後來，甚至有不少朋友誤以為我身高一百六十公分以上。

如今，我對色彩的運用更加有選擇性。因為我本身氣質恬淡，不怕濃墨重彩，所以常以素色裙子配一只誇張色調的大耳環，也會紅配綠，紫配黃，粉紅撞大紅，黑色撞黃色，從而達到吸引目光的效果。

每個人都有自己的穿衣風格。有些人是甜美軟萌的好嫁風，有些人是帥氣爽利的白領人氣質，有些人更是天生氣場強，適合走女王風範。

在我看來，女星周冬雨的穿衣風格演變史就是一部「搭配小白」的進階寶典。

作為如今的九〇後女星的演技扛霸子，周冬雨在有些人的印象中還是那個白皙清純的「靜秋」。可是在不知不覺之間，小姑娘早已蛻變成如今那個時髦的輕熟女生了。

雖然如今的周冬雨被媒體稱為小個子穿搭模範生，但前幾年卻有不少的毒蛇時尚媒體曾評價她穿衣搭配「好似偷穿大人衣服的小孩」。所以說，好的搭配可以給人帶來巨大的改變，你的氣質、風度都能因此而大幅提升。

周冬雨個子嬌小，只有一百五十八公分，再加上她身材分外纖細，所以許多衣服穿在她身上容易給人撐不起來的視覺效果。曾經的她對自己的定位不清晰，往往穿著略顯成熟的服飾，梳著露出額頭的髮型，完全淹沒了她的美。

記得那時候的她，經常選擇大塊花朵或是顏色深沉的上衣，再搭配厚重的半身裙，結果把她的身高割裂開來，讓她整個人顯得怪怪的。偶爾她還會穿著大面積鮮豔色彩的禮服，再加上裙擺的皺褶，讓人怎麼也看不出氣質來。她還會搭配深色、綠色條紋的絲襪，讓人的注意力不由自主地集中在她的下半身，只覺得渾身淩亂不已。

過去的周冬雨造型有多「災難」，今日的周冬雨便有多「驚豔」。她用自己的蛻變告訴我們，小個子也可以把服飾搭配出別樣的風采，穿出屬於自己的超模氣質。

拋開身高的桎梏，牢牢把握住關鍵比例，這是我看了周冬雨穿搭之後最大的感觸。

仔細觀察周冬雨如今的私服照、紅毯照，我們會發現「小黃鴨」十分熱衷於短款上衣、短款裙子，因為短款可以最直觀地優化她的身材比例，從視覺上拉長下半身。

針對身材過於纖細的問題，她則利用不對稱穿衣、把上衣下擺紮進去等方法，讓自己的上半身看起來立體豐滿。

穿衣的一些小心機被周冬雨運用得爐火純青，曾經迷失於深沉色系的她終於找回了屬於自己的色彩，選擇了更加適合自己的淺色系。

周冬雨皮膚白皙，面色光潤，再加上她略顯稚嫩的面容，實在是太適合淺色系了。乖巧型的女孩在搭配衣服時，可以選擇暖色調偏淺的顏色，同時利用上淺下深或上深下淺的色差來優化自己的身材曲線，從而提高自己身材的豐盈程度。

搭配，強調的不僅是衣服、褲子的適配度，更強調你的整體搭配與自我氣質的融合程度。以前的周冬雨是長髮，經常盤著髮髻，留著厚重的劉海，這讓她看起來難以和時尚勾上邊。剪了短髮後的周冬雨整個人都靈動起來，宛如精靈般俏皮可愛，既有女學生的青春氣質，又有職場達人的專業幹練。

一款得體的髮型會起到畫龍點睛的作用，若是再加上得體的搭配、精緻的妝容，一定能讓你在人群之中脫穎而出。

我身邊最會穿衣的女孩名字叫小萍，她的身高恰到好處，正好一百六十五公分，但卻是典型的「梨型」身材。即上身消瘦，甚至連鎖骨都清晰可見，但髖骨過寬，雙腿肌肉扎實，再加上輕微的小腿外翻，使得她下半身看上去分外臃腫。

小萍很注重自己的外在形象，花了不少心思在外形的改變上。不僅每週去上形體課，還經常看時尚雜誌等的搭配技巧；下班有空就跑到一些繁華的商業地段，街拍那些穿得漂亮的女性們，學習如何穿衣服，還苦練自己的化妝技術。

小萍如今最鍾愛的搭配單品就是淺色系的針織衫，還有色彩濃郁的吊帶長裙。長裙可以把她粗壯的腿部隱藏起來，還能突出她性感誘人的鎖骨。原來千篇一律的馬尾辮也被她摒棄了，換成了垂到腰間的「大波浪」，再配上歐美系的妝容，讓她整個人看起來略帶神祕的野性美，在沉悶單調的CBD區顯得十分特別。

不僅如此，小萍還在耳飾上花了很大的心思。喜歡戴耳環的她，家中有各色耳環，珍珠的、玳瑁的、壓克力的……琳琅滿目。她常常根據自己的服裝色系來選擇耳飾的質地、色彩。對耳環恰到好處的運用，既點亮了整個人的風采，又不喧賓奪主。

仔細觀察你會發現，那些真正讓人賞心悅目的女性一定不只是臉好看。時尚與氣場往往蘊含在一些毫不起眼的細節之中。從衣衫的質地到髮帶、耳環的妝點，再到高跟鞋、小白鞋、馬丁靴的選擇；黑髮遮掩下的脖子總是和臉一樣白淨；鞋子和袖口看上去都是整潔清爽的；佩戴一條簡單的絲巾也會讓人驚豔不已……在細節上用盡心思，反而能給人宛若天成的感覺。

這樣的女性也許外貌不是最美的，但卻有著自己的風格，既讓自己神清氣爽，也讓別人眼前一亮。

一天天，一年年，潮流的風向標總是跟隨時代不停地變換。然而，亙古不變的卻是風格。真正的風格不會過時，反而會隨著時間的淬煉歷久彌新，如同深藏的陳酒一般，幽香四溢。

桃花爛漫，牡丹雍容，蘭花高潔。美是千變萬化的、層次豐富的。每個女人的美都不同，應該擁有專屬於自己的風格，獨屬於自己的美麗。

女人私房話

時尚圈有句名言──在性感面前，清純不值一提。而性感一定是到了一定年齡才能擁有的特質，高級的性感是不露半分，卻依然散發著恰到好處的迷人。

很多時候，一個女人的性感並不僅是漂亮和身材出眾，還需要氛圍感的加持，如海藻般的捲髮，清澈或溫柔的眼神，動聽的聲音，曼妙的步態。這些都不是了不起的天賦，而是只要你願意去練習都能擁有的風情，在理性與善意裡學習，在獨立與思考裡蛻變。

活出自我，成為自己最性感的模樣

這世界既然有那麼多的姹紫嫣紅，女人的美自然就該有千姿百態。性感，是所有美麗中最風情萬種的存在。高級的性感，是一個女人無須修飾，哪怕穿著最低調的素衣、板鞋，也可以在低眉頷首間流露出無盡的風韻。

一個女人如果有曼妙的身材，千萬不要過於貪心，希望把所有的優點都展示出來。性感的首要原則便是——適可而止。

想像一下，若是一個女人既露出傲人的事業線，又露出纖細的腰肢，那在旁人看來只會有惡俗的風塵感。因此，前衛獨特的性感服裝要慎重選擇，那些突破常規的服裝初看之時給人極大的視覺衝擊，但稍稍不注意便可能成為「低俗」的代名詞。

若是你沒有超模般完美的身材和百變的氣質，我勸你不要劍走偏鋒，輕易嘗試這些前衛的服裝。相比於直白簡單的裸露風格，含蓄的清涼穿衣法則才是性感的最高境界。

每個人都有自己的身材特點，有的膀圓肩寬，有的下身粗短，有的含胸駝背……若是你枉顧自己的優缺點，盲目地追求性感，也許會造成災難性的後果。

所以，親愛的女孩們，一定要在瞭解自己身材的優缺點之後再進行抉擇，選擇只屬於自己的性感。要想營造隱隱約約、若有若無的性感，相比大面積的袒露，一條腰部兩側挖空的連衣裙更能凸顯你的楊柳細腰，展示你的玲瓏身材，還會為你增加一絲絕妙的性感風情。上身纖瘦的女人絕對不要放棄露肩裝，因為鎖骨是女人性感的標誌。小露香肩，亮出你精緻的鎖骨，既能展示肩部的線條美，又能添加一絲浪漫情懷。

雪紡、真絲、輕紗、流蘇這些飄逸元素都有助於營造性感，給人仙氣飄飄之感。當你完美的曲線在朦朧的紗線之中若隱若現，定是既性感又神祕，讓人著迷。當我們選定了適合自己的性感規則後，那些看似簡約無奇的衣衫，就會在你身上大放異彩。

許晴可以說是歲月沉澱出的風情美人。她在話劇《如夢之夢》中飾演民國美豔名妓顧香蘭。在她的詮釋下，這個傳說中的哀怨女人活色生香，熱烈、自我、性感。長達八個小時的話劇，不僅沒有讓現場觀眾感覺冗長，反而覺得意猶未盡。

舞臺上的許晴空靈而魅惑，身著褐色絲綢旗袍的她身形婀娜，容顏既哀傷又性感，宛如從畫中走出來的一般。她既野性又灑脫，這種野性而灑脫的性感包裹著顧香蘭的顛沛流離，讓無數觀眾沉迷於其中，無論男女，不分年齡。

若是問哪個女人的性感可以讓同性與異性都欣賞，我認為許晴當之無愧。

但是許晴在著裝方面從來沒有走過所謂的性感路線，反而愛著不同風格的包裹比較嚴實的衣衫與禮服。只是她偶爾露出的鎖骨、瑩潤的皮膚、迷人的酒窩，卻無時無刻地給大家傳遞美好的性感的誘惑。

所以男性可以在許晴身上看見妖嬈魅惑、性感美麗；女性也十分欣賞許晴身上看得見的瀟脫和肆意。許晴好似複雜的多面體，不同的人總是可以透過不同的光線和角度看到她身上不同的風情之美。

有人曾經問我最完美的性感是什麼，我想莫過於像許晴這樣，男女都喜歡、沒有攻擊性的高級性感。若是僅僅憑藉暴露的著裝、濃妝豔抹抑或是眼神迷離來展示性感，那就流於表面了。

真正的性感蘊含在眼角眉梢、舉手投足之中。女性太明白同性之間的那點小心思了，你要相信大部分女人在內心深處都對膚淺的性感嗤之以鼻。

只有那些優雅自然、潛化於無形的性感，才能贏得同性真誠的讚賞。真正的性感，讓人越看越為之傾倒，如同一杯好茶，讓人回味無窮。

我的好友小楊三十五歲，曾是瀟脫自如、雷厲風行的職業女性。生了小孩之後，她優雅轉身成為家庭主婦，耐心而細緻地照顧著家庭與孩子。

剛開始我不能理解。在我的印象中，主婦們的生活單調、枯燥、沉悶。在後來的一次閨密聚會中，我發現小楊似乎更加俐落俏麗，之前眼神中的犀利全然不見，剩下的是小女人的性感與自然。

那天，小楊穿著一身雪白的無袖連衣裙，露出了她筆直的雙腿。自信從容的她化著精緻的妝容，耳飾隨著她的輕笑搖曳。窗外和煦的陽光照射在她身上，我們全都感覺到了她柔和自然的魅力和一種婉約的性感。

細聊之下我們才知道，小楊注重保養，家庭瑣碎的柴米油鹽非但沒有掩蓋她本來的華彩，反而磨去了她身上的桀驁氣質，讓她變得更加溫婉。再加上得體的衣衫搭配，小心機的性感裝扮，身在眾氣質女性之中，已為人母的小楊絲毫不遜色，甚至鄰桌的男生都不斷地向她投來欣賞的目光。

小楊愛美的心，沒有在枯燥乏味的家庭生活中消失殆盡，反而更加遊刃有餘、怡然自得。如今的她，既有母性溫柔的光輝，又有溫暖純真的笑容，加上舉手投足散發出來的風情，這何嘗不是讓同性與異性都欣賞的性感呢？

不可否認的是，隨著年齡的增加，我們臉上的膠原蛋白會流失，曾經光潔的皮膚也會日益粗糙。若是我們依舊執著於少女風或者低齡風，拘泥於青春洋溢的風格，那只會讓自己陷入尷尬境地。想像一下，不再青春的臉搭配超短格子裙，那該給人怎樣怪異的感覺。

我們應該知道的是，三十歲後的性感比青春時期的活潑更加迷人。

女人過了三十歲，只要不斷為自己的內心賦能，成熟知性的氣質是會由內而外慢慢散發。雖不如豆蔻青春那般耀眼，卻宛如夜空明月耐人尋味，經得起時間推敲和打量。

所以高級的性感在年齡上往往不設限，只要聽從內心的聲音，你可以為自己創造許多可能。四十多歲的許晴可以，洗手做羹湯的小楊可以，相信你也可以。

你可以穿上自己一直想穿而不敢嘗試的衣衫，你可以踏上一直嚮往的旅途，你也可以隨心所欲、不拘一格……這樣的你就算是素面朝天，也一樣性感撩人。

成熟的性感是聰慧的，從來沒有咄咄逼人的氣勢，亦沒有圓滑世故的雜質。既聰明，又清醒；既天真，又輕熟，試問這樣的性感又有誰能不愛呢？

願每個女人都能在時間的洪流之中活出自我，成為自己最性感的模樣。

女人私房話

所謂斷捨離，其實就是「大道至簡」，意思就是生活需要懂得選擇，捨棄該捨棄的，過簡約而不簡單的生活，才會提高生活的品質。妝容不需要濃豔，服飾不需要華麗。忙時一碗茶泡飯，閒時嶺山看白雲。慢慢養一壺喜悅心，活成一首明快的詩。

「斷捨離」最早是由日本雜物管理諮詢師山下英子提出的概念。山下英子在自己所著的書《斷捨離》中描寫了如何透過對日常家居環境、服飾的收拾整理，改變意識，脫離物欲和執念，過上自由舒適的生活。

斷捨離，值得留下的就是百搭單品

相信很多女人都喜歡買買買，但衣物多到一定程度也會給生活帶來負擔。那些囤積的東西，不僅會造成你的選擇困難，甚至會擠壓你的美好生活空間。唯有去繁就簡，如剪雪裁冰般帶來輕盈滿目，才是一個女人品質生活的開始。

如今「斷捨離」已然是網路流行語之一。所謂「斷捨離」並非單單指收拾整理、扔掉舊物，還包含了透過判斷自己對物質的需求，思考自己到底想要什麼；以思考自我真正需求為中心，而不是成為衣物的附庸。「斷行、捨行、離行」的人生哲學，本質上是指果斷給自己的生活做減法，果斷捨棄無用的東西，包括不穿的衣服、不用的裝飾品、無用的傢俱，提倡要懂得合理捨棄、清理，才能獲得更多的愉悅感。

作為「買買買」上癮的女性，你有沒有買回來標籤都沒有剪去就掛在衣櫥不管不問的衣服、買回來一次沒用過的包包、絲巾？答案肯定是有。

我們太有必要看看家裡的衣櫥，雖然它已經被塞得滿滿當當的，但我們每天都覺得沒有衣服可以穿。我們要做的，不是不停地買新衣服，而是要整理自己的衣櫥，學會斷捨離。扔掉或者送走那些一次都沒有穿過或用過的衣物，留下那些你最常用和喜歡的衣物。品味和審美的提升也是一個不斷去繁就簡、吐故納新的過程。

我知道很多女人都是選擇困難症患者，真到要收拾衣物的時候，感覺每件衣服都會有穿到的機會，每支口紅的色號看上去都很美麗，每個包包都感覺可以「包治百病」。這個時候我們就需要理智地先看一下，有哪些衣服和飾品是完全不會用上的，哪些是可以一直放在衣櫥裡備用的。找到衣櫥中那些永遠不會過時的單品，這些單品不僅可以解決你的日常搭配，還可以為你的妝容畫龍點睛。

如果只能保有一條連衣裙，我一定要留一條經典款的優雅小黑裙。在電影《第凡內早餐》中，奧黛麗・赫本飾演的荷莉無論是去第凡內珠寶店還是去星星監獄，始終都穿著自己的小黑裙，就好像她心中那個執著的夢想——一個來自鄉下的平凡女孩一心想要躋身上流社會，實現她十四歲以來的夢想——與最愛的弟弟一起到墨西哥牧馬。

為此，荷莉成了一朵交際花，她從一個富人的懷抱投入另一個富人的懷抱。在喧囂的世俗中，只有第凡內珠寶店才是可以讓她消除煩惱的地方。所以她喜歡在清晨時分穿著黑色晚禮服，戴著假第凡內珠寶項鍊，來到空無一人的紐約第五大道，獨自佇立在第凡內珠寶店的玻璃窗前，臉頰緊貼著櫥窗，一邊喝著咖啡、吃著可頌麵包，一邊以豔羨的目光望著珠寶店中的一切。似乎只有這樣望著，才會離夢想近一點點。

英國某公關公司曾經組織過一次調查活動，評選人們心目中最美的小黑裙。毫無懸念，奧黛麗・赫本在一九六一年的影片《第凡內早餐》中所穿的紀梵希小黑裙被評為史上最令人難忘的小黑裙。人們不會忘記在《第凡內早餐》裡，荷莉凝視著第凡尼珠寶店櫥窗的場景，她當時穿著那件小黑裙的模樣既優雅又楚楚動人。這款出自著名設計師紀梵希之手的小黑裙，在奧黛麗・赫本的演繹下真正實現了名垂青史，成了二十世紀以來最無爭議的對「高貴、優雅」的定義。

奧黛麗・赫本也說過自己最愛的是小黑裙。人們已說不清楚，究竟是她的明豔成就了小黑裙，還是小黑裙的優雅成全了她幾乎一個世紀的驚豔。

但可以肯定的是，正是優雅迷人的小黑裙使美麗絕倫的奧黛麗・赫本在人們心裡得到了永生。據說在這個世界上，對男人和女人來說，各有一件衣服是不可或缺的，對男人來說是黑夾克，而對女人來講則是小黑裙。對生長在優雅之都巴黎的女人們來說，如果沒有小黑裙，那是不可想像的，沒有小黑裙的女人就沒有未來。如果你還在煩惱該穿什麼衣服去赴約時，時尚達人們肯定會告訴你：「穿小黑裙永遠都不會錯。」

我們不妨來追溯一下小黑裙的歷史：它誕生於一九二六年，出自法國時尚界的開創人可可．香奈兒女士之手。那時，第一次世界大戰才剛剛結束，女權運動也隨著時代的發展進入了一個新階段，越來越多的歐洲女性開始表現出對傳統大擺裙的不滿，因為那實在是太妨礙她們的行動自由了！

在這樣的呼聲中，對服裝趨勢極為敏銳的法國人香奈兒女士抓住了這個機會，設計出了樣式簡潔而又不失高貴大氣的小黑裙。香奈兒女士認為黑色與白色一樣，凝聚了所有色彩的精髓。它們代表著絕對的美感，可以展現出和諧的優雅之美。

時至今日，小黑裙依然享有「百搭易穿、永不失手」的美譽，因此順理成章地成了女人們衣櫥裡必備的時尚單品。小黑裙永遠不會讓你擔心，因為它是不分場合的「時尚女王」。在街頭，你很容易看見穿著小黑裙的女人自信地走過。而在名人聚會和明星鬥豔的紅毯上，也從來都不乏小黑裙的身影。

小黑裙就是這麼神奇，誰都能穿出自己的特點。低調而華麗的黑色是不用費力就能討好的顏色，可以使身材苗條的人顯得更加婀娜，而身材圓潤的人也能因小黑裙低調的造型和黑色特有的收縮感而自信滿滿。因為低調，一張紅唇、誇張的耳環、醒目的包包、各色高跟鞋、一副夠有型的太陽眼鏡，都可以和小黑裙融合成為經典搭配，使你更加神祕、優雅和帥氣。

提起奧黛麗・赫本，就不得不提起紀梵希。作為奧黛麗・赫本的靈魂伴侶，他太清楚奧黛麗・赫本的美是越簡單越能突顯其復古又優雅的氣質。他幾乎承包了奧黛麗・赫本戲裡戲外的服飾裝扮，為她設計了一個又一個經典的形象。除了黑色，印象中奧黛麗・赫本穿得最多的是白色。一件俐落裁剪的白色抹胸禮服為她在影片《龍鳳配》中的角色增添了迷人的魅力。純白禮服配鎏金印花，將純美和奢華融合在一起，再加上奧黛麗・赫本芭蕾舞者的身材與微微昂起的天鵝頸，令人看過去就捨不得挪開眼睛。

有時候我們喜歡上一個人，不是因為她長得多麼傾城，而是那天下午陽光正好，她穿了一件白色連衣裙，裙角在微風中飄揚，令人覺得她很美。

人生如一場舞會，你可以選擇坐在旁邊觀看，也可以選擇進入舞池跳舞。當青春逐漸走遠，是選擇做形如枯槁的怨婦，還是做元氣滿滿的女神，答案藏在你自己的心中。

一個年齡越大越優雅的女人背後，定是藏著無數令人嘆為觀止的嚴於律己，內心住著一個清爽美麗的靈魂。

開始你去繁就簡的搭配之路吧，那些值得留下的就是百搭單品。學會簡約是一門藝術，懂得捨棄是一種通透。

LESSON 7

｜獨立篇｜

不畏改變，
乘風破浪做自己的女王

女人私房話

無條件愛你的父母會老去，愛人的山盟海誓也可能會煙消雲散，徒留你一個人站在原地一地雞毛。

獨立和成長，就是要迎難而上

女人的獨立自主是沒有時間限制的，不要用自己已經三四十歲來做藉口，也不要傾訴自己的惶恐，就連新聞裡七十多歲的阿婆都勇於斬斷不良婚姻重新開始，何況是尚且年輕的我們。

二〇一九年，奧斯卡獲獎影片《她們》（*Little Women*）中有一句臺詞：「時間可以吞噬一切，但它絲毫不能減少的是你偉大的思想、你的幽默、你的善良，還有你的勇氣。」

電影《她們》改編自美國女作家露意莎．梅．奧爾柯特於一八六八年出版的長篇小說《小婦人》，是那個年代少有的以女性獨立為主題，透過女性視角展現女性乘風破浪進階世界觀的不朽名作。

《她們》以四個女孩的成長生活為主題，講述了馬奇家四姐妹梅格、喬、貝絲和艾米因父親外出征戰，與母親相依為命，女孩們各自堅持夢想，最終各自事業有成，過上理想生活的故事。

喬是整部影片的主人公，她勇敢、善良，追求自由，熱愛寫作，窮盡一生創作出了自己滿意的作品《小婦人》。她一生熱愛生活，敢於突破自我。

原著中有這樣一個場景：富有的鄰居邀請四姐妹去參加舞會，喬的姐妹們一邊欣喜開懷，一邊因為沒有漂亮的禮服而惆悵不已。喬卻平淡地說：「穿你們平時穿的就可以了。」從中我們能看出喬內心的獨立意識，她認為不必為一個應酬花費太多精力。喬立志成為一名有獨立人格與獨立經濟來源的作家。她堅信自己是具有獨立意識的個體，在具有獨立意識的同時，還要發奮圖強才能實現自身價值。

電影中有一段喬和母親的對話，她說：「我厭倦了別人說女人只適合談情說愛，但我真的好孤單……」

這句話道出的不僅是喬的難題，也是一代又一代女性的難題。在愛情、婚姻、事業和自由之間，女人要如何選擇、如何自處是個花上一千零一夜也談不完的話題。

電影裡喬做出了自己的選擇。她忠於理想，默默耕耘，並最終透過努力實現了財富和精神的自由。但殘酷的現實卻使她依舊無法解決很多人生問題。這大概也是我們至今依然能夠與這個故事產生共鳴的原因。

大姐梅格容貌最美，也是最符合當時主流社會審美觀的淑女。她本來可以嫁給有錢人，卻因為愛情嫁給了並不富有的家庭教師。

三妹貝絲的故事最悲情。她性格溫柔內向，喜歡音樂，善於彈奏鋼琴，但卻因為照顧生病的窮人而感染了猩紅熱，不治身亡。這個人物被作者賦予了最完美的道德期許，近乎純潔無瑕。她的死亡強調了女性的道德力量，同時也啟迪了幾個姐妹要珍惜當下，去勇敢追求自己的人生，不負愛與自由。

小妹艾米性格張揚，有些愛慕虛榮，以嫁給有錢人為人生目標。在沒有自主財產權的時代，女性只能透過婚姻來改變自己的命運，她很能代表彼時具有野心的女性形象。

艾米美貌、有才華，她的夢想是成為畫家。在那個時代，只有透過丈夫的支持與資助，夢想才有可能實現。因此，艾米一開始選擇了可以幫助自己躍升階級的弗雷德，但最後還是聽從了內心的召喚，選擇了有共同語言的普通人勞里作為自己的終身伴侶。

艾米有點像《流金歲月》裡的朱鎖鎖，懂得利用自身所長抓住一切機會讓自己獲得上升空間，也對自己的命運有著清晰的認識。儘管表面看來她沒有喬的勇敢，但她們同樣是知道自己想要的是什麼，並為之付出努力的女人。可以說，她和喬是當時進步女性的一體兩面。

影片裡四姐妹所追逐的一切，代表了所有現代獨立女性的追求——獨立、成長、自由、夢想，這是任何時候都不該放棄的。用自己的力量披荊斬棘，實現女性的自我價值，在任何時候都值得被喝彩！

所謂獨立和成長，並不僅僅指在名利或者金錢上，更重要的是在人生中你究竟做過什麼、有沒有利他的情懷、創造了多大的價值、擔當起多大的責任。

而在這個過程裡，辛苦總是有的，不被理解總是存在的，但只要迎難而上，就會有可以說「不」的底氣和話語權，過上自己想要的美好生活。

亦舒曾形容章小蕙像一枚豐碩的水蜜桃，確實是活生生的形象。章小蕙生就珠圓玉潤的，豐胸長腿，面如滿月，皮膚嫩得幾乎可以掐出水來，一雙杏眼鑲著烏寶石般的大眼睛，華光流轉，眉目含情。水蜜桃般的甜美只是她的外表，骨子裡的章小蕙是桃子裡那枚堅硬的核，風雨受得了，折磨耐得住。

哪怕如今她已經五十八歲，透過自媒體照樣能在時尚圈開出一片桃花十里、萬人追捧的灼灼姿態。

章小蕙其實也算不上娛樂圈人士，但她被香港記者圍追堵截三十多年。早期貼在她身上最有名的標籤是「敗家女」、「喪門星」、「花錢如流水」，硬生生把前夫鐘鎮濤和男友陳曜旻「買」到破產。

事實上章小蕙出身世家名門，從小衣食無憂，跟著母親逛名店、買名品，耳濡目染培養了好品味，在別人看來卻是虛榮。章小蕙十六歲時，全家移民加拿大。父親便是加拿大《文匯報》的主編，後來一手創辦了加拿大中文電視臺。她順理成章地在多倫多大學修完了美術史、哲學、英國文學，出於對時裝的熱愛，又跑去紐約時裝學院讀了一個碩士。

二十三歲時，她回到香港遇到年輕帥氣的鐘鎮濤，短短數週便陷入熱戀。她不顧父親的反對嫁給了他。起初自然是金童玉女、琴瑟和鳴，但一九九七年金融風暴時，兩人共同投資的房地產打了水漂，欠下上億元巨債，兩人也以離婚收場。鐘鎮濤最終扛不住債務，宣佈破產免債。章小蕙卻是個有魄力也能扛事情的女人，她不肯宣佈破產，債務便都轉移給了她。

離婚後，她也曾病急亂投醫，想要一個肩膀給自己安穩的力量，就這樣章小蕙和陳曜旻在一起了。但雜誌經常報導章小蕙遭到陳曜旻家暴，被打得鼻青臉腫。在此刻，生活暴露出了之前從來沒有過的猙獰面目，她卻依舊不肯低頭。分手後她痛定思痛，不再談情事，專心於工作。

她也曾因生活窘迫，不得不賣掉很多奢侈品換錢過生活。還曾同時接下七八個專欄的邀約，在最落魄的時候拼命寫著最風光時的日子，並出了兩本書——《品味 01》和《品味 02》，教女孩子們如何提升審美能力。香港的報紙雜誌專欄稿費不低，章小蕙居然靠著稿酬也養活了自己和兩個孩子。

後來她依舊靠自己的品味開了一家服裝店，第一年就賺了港幣約三千萬元，後面賺得更多。再後來她靠著自己多年的時尚經驗乾脆在香港做歐洲名牌服飾的代理生意，收集購入名品服飾，成為香港將名牌二手服飾變為一盤生意的第一人。

一路走來哪怕再辛苦，她也堅決不肯申請破產，一直堅持和貸款方打官司，直到被免除債務。對於這段經歷，她在今日輕描淡寫道：「離婚後靠寫作和時裝店把自己重拾起來，沒有屈服於強大勢力，理直氣壯打贏被渲染得驚天動地根本不該發生的一場商業官司。外表光鮮，內裡虛脫。」

她靠著自己一點點洗脫了身上被別人潑灑的污漬，不再是香港人人喊打的「敗家女」、「剋夫星」，反過頭來，很多人開始欽慕她靠自己也能活得這樣好。

時間是最無情也是最公平的，它讓你逐日老去的時候，也終將會讓世界認識你是什麼樣的人。

章小蕙遭受了人生的巨變，承受了從高峰到谷底這一般人不能承受的深痛巨創。她卻從來沒有將痛苦寫在臉上，在低谷中走一遭也沒有改變她對生活與生俱來的熱愛——依舊著最靚的衫，做人群中最靚的女人。

章小蕙從來不是認命和抱怨的人，她現在依然對名品世家信手拈來，對小眾品牌瞭若指掌，文筆不急不緩，帶著老派作家的氣定神怡。最關鍵是五十八歲了，隨意朗讀一首英文詩歌仍令人如沐春風；隨意托腮一坐，眼神依舊明亮，依舊有令人心跳的魅力，依舊那麼美。

她用獨特的思想和堅定的身體力行替自己正了名，詮釋了什麼是獨立與堅強。想起亦舒的小說《我的前半生》裡羅子君說的那句話：「這雙手雖小，但它是屬於我自己的。」一如今二十多年過去了，玫瑰沒有枯萎，還是那朵耀眼的玫瑰。

所有的獨立和成長都是血中帶淚的。女性這種頑強的生命力就像玫瑰開在春天。風吹過，雨打過，依然次第花開美不勝收的能力，請你一定要擁有。

女人私房話

熬夜容易，堅持鍛鍊難；玩遊戲容易，堅持讀書難，壞習慣比好習慣容易養成。所以，堅持好習慣不容易，帶著一點苦行僧的味道。但一想到你未來更好的模樣，都藏在現在的努力裡，所有的堅持就有了意義。一心向好，勢必被成全。要想乘風破浪，就得學會忍受那些無人問津的時光，所以那些能堅持下來的人都很酷。

堅持能帶你穿越低谷，厚積薄發

說一千道一萬，這世上沒有平白無故的好運氣，那些別人眼中的「好運氣」都是你前行途中的堅持換來的禮物。歷經生活的磨練，卻依然能保持嘴角的上揚、姿態的優雅，溫柔了歲月，驚豔了時光，是因為你一直都在成長，一路都在勇敢地乘風破浪。

二〇二一年年初，電影《你好，李煥英》持續熱映，票房累計超過五十億，演「媽媽」的張小斐忽然就成了億萬票房女星，人氣也跟著水漲船高。

一般都是人紅是非多，但張小斐的大紅大紫沒有給她招來是非，卻讓我們看到了她過去十五年作為一名「十八線」女藝人艱難打拼的演藝圈之路。她用盡全力爭取每一個小角色，哪怕是又髒又累的龍套。早上五點起床、淩晨收工、饑一頓飽一頓、身上隨處可見的淤青……都是家常便飯。

其實，張小斐的起點並不低。在北京電影學院讀本科的時候，她就出演了《烽火歲月》的女主角。只是這部影片並沒有激起任何水花。所以，在畢業的前幾年，與大學室友楊冪、袁姍姍和焦俊豔比起來，張小斐是她們宿舍混得最差的那個。

畢業後，一直夢想做電影演員的她選擇留在北京繼續演戲，不過接到的都是戲裡一些可有可無的小角色。處於這樣一個競爭殘酷的圈子裡，小人物註定走得艱難。張小斐曾經在拍攝一場爆破戲時，被飛來的流彈炸傷了一隻眼睛。

前途一片黑暗，生活一片渺茫。做電影演員的夢想受阻之後，張小斐決定放手一搏，考取了中國廣播藝術團。團裡有很多相聲、喜劇表演藝術家，馮鞏和賈玲也都在其中。進團之後，她和賈玲一起跟著馮鞏排小品，一來二去兩人熟絡起來。後來，賈玲在排自己的小品《女人的N次方》時，還給了張小斐一個角色，她們一起登上了二〇一二年北京電視臺的春節聯歡晚會。

二〇一五年，賈玲參加的綜藝節目《歡樂喜劇人》缺一位助演，她最先想到的就是張小斐。張小斐不辭辛苦，一邊在中國廣播藝術團裡做演出主持人，一邊在《歡樂喜劇人》裡給賈玲做助演。她終於告別了畢業後那幾年灰頭土臉、兵荒馬亂的日子，在喜劇界有了小小的存在感。但讓人記住的也僅僅是賈玲小品裡那個長得還不錯的女孩。隨後，張小斐的喜劇事業終於有了點起色，先後參加了多個綜藝，成為賈玲旗下大碗娛樂第一個簽約的女藝人。

《你好，李煥英》之後，張小斐終於紅了，微博漲粉無數，一舉一動都會登上熱搜。就連賈玲在電影首映會時也開玩笑似地吐槽：「今天在機場有兩個人拍照，他們根本沒搭理我，一直在拍張小斐。」

經過十幾年的摸爬滾打，三十五歲的張小斐終於成了幾十億票房影片的女主角、二〇二一開年最受矚目的女演員。她的成功不是一炮而紅，而是厚積薄發。這不就是普通人的奮鬥常態嗎？

這個「大器晚成」的故事背後，我們看到了兩個女人的友誼，更看到了一個人終於撥雲見日的漫漫歷程。

張愛玲說「成名要趁早」，但年少成名一帆風順的人畢竟是少數，看慣了名利場，你會深深感嘆張小斐這樣終於熬出頭的成名才是福氣。因為她會記得那些大雨中為自己撐傘的人，黑暗中默默為自己掌燈的人，陪自己徹夜聊天的人，陪自己笑過哭過的人。

幾乎沒有人天生自帶「外掛」，那些看起來「好命」的女人們，真相都是厚積薄發。當你守得住寂寞、忍得了孤獨、蟄伏在塵埃裡、挺過去了之後，未來才是別人眼中開掛的樣子。

想起那一年，我到一個陌生的城市去探望表姐筱芸。

當時表姐已經年近三十五歲，剛剛與丈夫離婚，自己一個人居住在爸媽的老房子裡。筱芸與前夫本是大學同學，相戀六年之後順理成章地結婚生子。相濡以沫的這些年，丈夫的職稱從助理工程師升為了高級工程師，兩人也購置了新房、換了新車。筱芸本以為生活會這麼平淡而美好地延續下去，卻沒有想到得來的是一紙離婚協議。期間經歷了爭執、吵鬧，還有為了分割財產雙方對簿公堂的鬧劇。

見面後，筱芸並沒有與我抱怨前夫、抱怨自己的生活境遇，反而平靜淡然，不願過多提及過往，只是偶爾自嘲「前十年的光陰都餵了狗」。

用她的話來說，前半生已經消耗在低品質的婚姻中了，活得沒有任何自我，如今好不容易從圍城之中解脫出來，反而鬆了一口氣，再不用每天沉浸在家長里短的雞毛蒜皮之中，也不用與丈夫針鋒相對。

陪她散了幾天心之後，感覺她狀態不錯，第二天我便打算返程。那天清晨我起得很早，卻發現書房隱約有光線。我推開書房門一看，發現筱芸竟然坐在裡面看國家司法考試的書。面對我驚詫的眼光，筱芸有些羞澀。她講這些年忙著帶孩子、做家務，如今她在工作單位的位置早已變得邊緣了。許多核心業務她不熟悉，幾乎要被新來的實習生替代，如今的她感到了莫大的危機。

「這麼多年沒有摸過書了，會不會很吃力？」面對我的關切，筱芸卻有些坦然，她點了點頭說：「是會吃力一點，但是別人每天用四個小時，我每天用六個小時就好了，每天少睡兩個小時也沒什麼。」

「我的人生已經到了下半場，如今我也算是想通了，想要活得漂亮，就得戰勝我自己，若是還跟以前一樣混沌度日，那跟前半生還有什麼區別呢？」

我與筱芸彼此聯繫不多，一年下來往往只有過年可以偶爾見上一面，平時更多是透過微信朋友圈來瞭解她的現狀。

幾個月後，我在微信朋友圈看到了她曬出的通過司法考試的成績截圖，配圖是她站在家中書房桌前，笑得安然自得。通過司法考試的她，如今接受了部門分配的新任務，成為某地市分公司的負責人，經常全國各地到處跑，參加展會與採購談判。有了工作加持的她分外明豔照人。

從沉悶婚姻生活中解放出來的筱芸似乎迸發了前所未有的光彩，變得判若兩人。她偶爾去旅行，看見好看的景色便拍下來跟朋友們分享。她愛上了瑜伽，還考到了瑜伽教練的資格證，如今她的身形似乎比起二十幾歲時更有韻味。

在午後煦暖的陽光下，我仔細回憶從前的筱芸，卻發現她那時的模樣已模糊不清，能夠想起的只有她如今那張意氣風發、笑意盎然的臉。

所有堅持都帶著一股苦行僧的味道，所以堅持很難，但堅持下來的人都很酷。早起讀書很痛苦，但是經歷了一天充實的學習之後，你會發現內心如此自在充沛；運動都很艱辛，但是當你終於能穿上夢想的連衣裙時，卻發現如此值得。堅持好習慣不容易，但當你歷經歲月卻依舊能保持上揚的嘴角、良好的姿態時，會驚喜地發現美麗早已鐫刻進你的骨子裡了。

不怕光陰飛逝，願你和自己的每一次相見，都只若初見。

女人私房話

那些看上去比你優秀的女生，不是比你聰明，而是比你有更好的學習力和執行力。無論哪個女生，她身上的「美」與「好」，都是汗水和淚水的交織。

生活的美與好，都是汗與淚的交織

努力變得更美、更好，一步一步活成自己更好的樣子是需要耐心的。就像種一排柳樹，先得澆水、施肥，經過風雨和四季的流轉，才會有綠樹成蔭。萬事萬物都有它的規律，先要有乘風破浪的勇氣，後才有花開自在的美景。心中裝的是碧海藍天，才會呈現流光溢彩的明天。

伍迪・艾倫在《中央公園西路》（*Three One-Act Plays*）裡說：「每個人都有不可告人的祕密，有自己的渴求、欲望以及難以啟齒的需要。所以日子要過下去，人們就要學會寬恕。」

這大概就是普通女人生活的常態。沒有誰的幸福是唾手可得的，種種不如意亦不會自動消失，勢必需要你去一一征服。

一年前的某個週末，一個多年未見的同學沐沐在校友錄發現我更新了聯繫方式，於是加了我微信。

沐沐和我是初中同屆不同班的同學。因為父親身體不好，母親被迫離職，家裡沒有足夠的經濟條件供她再讀三年高中。為了減輕家裡負擔，沐沐上了本地的一所衛校。若按照正常的發展軌跡，畢業後，她會去本地小醫院做個護士，然後嫁人、生子。多數普通人會覺得這樣也很好，至少有個穩定的工作。

但彼此聊了聊近況後，我得知沐沐定居在加拿大多倫多。這個消息讓我覺得驚喜，但不意外。

沐沐告訴我，讀衛校時她心裡就想著，先有一份穩定的經濟來源，這樣以後還可以找機會學習。因為在學校表現好，畢業那年，縣醫院來學校招護士時她考上了。工作後，每天三班照顧各種病人非常辛苦，但好在有了穩定的收入。沐沐省吃儉用地攢錢，在空餘時間給自己制訂學習計畫。

沐沐覺得身為一個中專畢業的護士，如果就這樣在醫院待下去是看不到未來和希望的。於是悄悄地報了自考大學，學自己想學的資訊管理專業，期間還在網上報了英語班。不管怎麼辛苦，不管周圍的人怎麼議論，她都堅持下來了，拿到了大學自考文憑並通過了英語四級考試。

機會總是給有準備的人預留的。在工作的第四年，沐沐所在醫院合作的醫療器械機構招聘到加拿大醫療機構做高級護理的人。沐沐憑藉實力在筆試、面試裡過五關斬六將，成為唯一一個合格的護理人員，被外派到加拿大多倫多工作。後來，她發現在加拿大，高級護理工作是一個收入不菲且受人尊重的行業。憑藉對客戶的真誠和耐心得到客戶的肯定後，她有了更好的工作機會。

在一次耶誕節的活動中，沐沐和未來的老公相識。老公是移民多倫多的華裔，欣賞沐沐對於生活的熱情、對於新事物的渴望，兩人走到了一起。婚後，老公還鼓勵沐沐創辦自己的高級護理中心。沐沐開始了乘風破浪的日子——做市場調查，學管理課程，給新來的護理人員分享工作心得……如今三十九歲的沐沐已經是擁有五家護理中心的企業家了。

沐沐沒有好的起跑線，但在人生每個轉捩點她都向著自己想要的生活奔跑。那些廢寢忘食苦讀學習無人問津的日子，那些她從來不說的在異國他鄉的辛苦，實實在在令人心生敬佩。

沐沐可以說是我見過最有執行力、人生軌跡改變最大的女性了。偶爾看到她的照片，在夕陽的餘暉下，她和媽媽一起練瑜伽的微笑神情，美好而溫暖。

你看，無論哪個女人，想要的「美」與「好」，都是汗水和淚水的交織。這就是生活的真相。無論何時你都要努力，永遠不要放棄去追求更好的人生。地球是圓的，你做過的努力終究會回到你的身上。

你要熱愛生活，認真工作。

你要勇敢去哭去笑，去好好愛。

你要堅持投資自己，讓自己有更好的狀態和能力去面對世界。

不管多少歲，你都要熠熠發光。

“ **女人私房話**

女人最需要的安全感，是要靠自己腳踏實地的努力建立起來的。沒有人規定全職太太只能做飯、帶孩子，只要你想工作，你可以成為美食達人、育兒專家、收納師……不要對自己在工作上付出的時間產生質疑，那是你有說走就走、想買就買的底氣所在。 ”

相信自己的能力，全職太太也可以做事業

成年女人最快樂的事情有兩點：一是想要的東西不用看別人的臉色，自己可以想買就買；二是不喜歡的東西，可以有足夠的底氣說不要就不要，說離開就離開。

主持人寇乃馨有一段關於全職太太的演講十分精彩。她說：「為什麼大家認為全職太太一定都是低學歷、平庸、邋遢、世俗之人？事實上，高學歷女性做全職太太，除了可以背負起養小孩、照顧老公、維持家庭和睦的責任，她更是成功男人的幕後推手，全家人親密關係的黏合劑。全職太太身兼數職運籌帷幄，孩子們吵架她要負責排解；孩子和父親關係不好，她要做中間的橋樑。試問，從打掃阿姨、文員、會計、秘書甚至總經理誰可以這樣一手全包，是全職太太！」

如果不是生存所迫，有哪位妻子願意放棄陪伴孩子成長的時間去職場打拼？要掙錢養家，就不得不鬆開抱著孩子的手。而不少做了全職太太的人，困境就是沒有工作，只

有家務和孩子。

但現在也有很多全職主婦，憑藉在家的時光習得一身收納與整理的本領，空餘時間研究烘焙、製作料理、寫食譜，成為美食達人、收納達人，成為可以帶貨的網紅主播。這群全職主婦們，也都努力開創出了屬於自己的「事業」。

N懷上孩子的時候，老公的汽車代理事業漸有起色。而N妊娠反應很大，什麼都吃不下，聞到什麼都想吐，甚至在排隊檢查身體的時候暈倒在地。再三權衡下，老公對她說：「你辭職吧，我養你。」看他這麼貼心，N便毫不猶豫踏入了全職主婦的隊伍。

可是家庭主婦並沒有想像中那麼好當。沒做家庭主婦之前，N以為她們只需要天天在家待著，什麼事也不用幹。可是當了三年的家庭主婦後，才知道這有多麼不容易，不但要照顧自己身心健康，而且要關心照顧好全家人的生活起居。關鍵是你的付出別人會認為是理所當然，沒人會感激。

而更讓人傷心的是，因為在家接觸的世界小，N和老公漸漸沒有了共同話題。有一天，N的大學好友來看她，N幾乎哭著訴說：「這不是我想要的幸福。我覺得自己好卑微，難道女人在家付出的勞動就是廉價的？我想離婚。」

好友給N推薦了一本美國暢銷書，裡面有一句話讓她有所觸動：有一種女人，不管她嫁的是誰，不管她遇到什麼樣的人，她都有能力讓自己過得幸福。

後來，N開始把自己懷孕到帶孩子期間的三百多篇日記配上自己畫的簡筆畫，發佈在社交平台和各育嬰平台上。簡筆畫的可愛和文字的溫暖讓許多媽媽們深有同感。堅持三個月後，忽然有一篇關於寶寶副食品的文章成了熱文，一天漲了六萬多個粉絲。N逐漸找到了自己的定位：一個用漫畫加短日記來記錄孩子成長的媽媽部落客。

方式對了，也就事半功倍了。現在有很多嬰幼用品品牌找她合作，從帶貨到推文到分享產品她都做得很好，已經成為育嬰界的紅人，坐在家裡也能賺到不菲的收入。

雖然家裡不缺錢，但是N的自我成長讓先生也對她刮目相看：原來我的太太這麼厲害，帶個孩子都有這麼多學問，還有那麼多媽媽信任她。

所以，全職太太也可以做事業。每個女人都應該有讓自己、讓家庭幸福的能力。物質世界的不平等容易造成精神世界的不平等。在外打拼奮鬥的男人和只圍著孩子轉悠的女人差距註定越拉越大，到最後便是心靈的疏離。

我從來都不提倡離婚，但我希望每個女人都可以有隨時轉身的底氣。

因為確實有不少家庭主婦在經過十幾年的家庭生活之後，喪失了獨立生存的能力。面對快速發展的社會，她們找不到體面的工作，無法融入快速發展的新時代，甚至有社交恐懼。

《不易居》裡說：現今還有誰會照顧誰一輩子，那是多沉重的一個包袱。所以非自立不可。我很認同這種未雨綢繆。

如果你人生得意，丈夫懂你，家庭幸福，那麼祝福你。但是無論如何，在婚姻裡如果可以讓自己自立一些，在面對未知的將來時總是更有底氣。

當你跟姐妹一起逛街的時候，如果同時看上了一件價格不菲的衣服，那麼經濟不獨立的女性一般會有兩種選擇：一種是摸摸看看，雖然心裡喜歡得要死，嘴上卻表示自己不喜歡；另一種是猶豫之後悄悄詢問老公是否可以買下這件衣服。

但換作那種自己掙錢自己花的女性就不同了，喜歡什麼就買，想做什麼美容項目直接做，根本就不是錢的問題，只要自己過得開心就好了，這種女性一般活得比較自由、灑脫。

所以我真誠地建議，女性即便在結婚之後因為種種原因而不得不放棄自己的工作，也千萬不能夠讓自己失去經濟來源，即便是當全職太太，你也可以嘗試著去做些什麼。畢竟都5G時代了，社群經營、寫寫畫畫、商品團購……只要你想，全職太太也可以是經濟獨立的女性。因為女人獨立、自立是不受時間、地點限制的。

新聞裡報導，七十多歲的阿婆都勇於化妝、攝影、拍抖音、走遍全世界，你還不給自己爭取改變人生下半場的機會嗎？

前些天晚上，我大學的閨密半夜十一點忽然給我發了一條訊息說：「佳佳如今真是太可惜了。」看著閃著螢光的螢幕，我不禁微微嘆息。我的大學室友佳佳上學時是我們班級的焦點人物，面容清秀的她性格安靜內秀，是不少男生心目中的「女神」。

自幼父母離異的她是我們寢室最為懂事乖巧的女孩。她很少賴床，衣服絕不會拖到第二天洗，沒事便去泡圖書館，獎學金年年都少不了她的。所以大學畢業的時候，成績一貫優異的佳佳得到了一份令眾人羨慕的工作。就在我們以為她會在事業上再接再厲之際，一年後她便嫁給了大學時的男友，成為我們宿舍第一個步入婚姻殿堂的女孩。

也許是原生家庭的緣故，佳佳分外期待有個屬於自己的小家。

婚後不久佳佳便懷孕了，她懷孕早期孕吐反應嚴重，再加上一些其他因素，佳佳便從公司辭職，專心待產。佳佳的丈夫家中還有個弟弟，公婆幫不了太多的忙，所以孩子生下來後，佳佳也就斷了繼續上班的念頭，獨自在家相夫教子。

從前，我們的聊天群組裡佳佳總是發言比較積極的那個人，可是漸漸地，佳佳越來越少參與我們的聊天、加入我們的飯局。因為生活中的她實在是太過忙碌了。

本以為小孩進入幼稚園之後，佳佳會輕鬆不少。可是還未來得及等我們幫她介紹工作之時，佳佳又傳來意外懷上二胎的消息。其實佳佳的老公收入一般，不過好在父母給他們付了頭期款，讓小倆口得以在這個城市有了安身立命之所。但若是要再請保姆，僅靠一人的薪水實在是難以負擔。就這樣，佳佳又被束縛在家中。洗衣、餵奶、接送孩子、打掃房子，整天圍著兩個小孩轉，變得沒有了自我。

我已經不記得多久沒和佳佳吃飯、逛街、聊天了。因為養孩子開支變大，佳佳如今放棄了高檔護膚品，轉而購買一些我們大學時用過的品牌。她甚至開玩笑說，反正自己現在每天就是見小孩和老公，連打扮都提不起興趣來了。

作為女人，要活出自己實在不容易，先要爭取經濟獨立，然後才有資格談到精神自由。而這些，我也要鼓起勇氣說給佳佳聽，希望曾經明媚的女孩可以回到我們面前來。

若你連自身都難以養活，便很難與他人談及尊嚴和其他。

電影《真情假愛》裡有一句臺詞：我愛的不是錢，我喜歡的是錢帶來的那種獨立自由的生活。

柴米油鹽醬醋茶樣樣離不開經濟基礎。當你能靠自己得到更好的生活，才能在這最真實的人間，活得底氣十足。而你要的獨立，不僅僅是經濟上的豐盈，更是一份「相信自己很優秀，相信自己明天會更優秀」的內心的篤定。

就連迪士尼電影《冰雪奇緣》都已經不再用王子解救公主、從此過上幸福生活的套路了。它不僅沒有第一男主角的設定，也沒有公主被王子救贖的主線，女主角都是自己拼事業。

可是我們的社會中卻還有不少女姓沒有成為自己生活的女主角，沒有主動把自己從糟糕的現實生活中解救出來。還有很多大學畢業後選擇嫁人，失去經濟獨立的能力；還有一些沒有機會接受更完整的教育，就早早找個好人家解決自己下半生的「飯票」。

當然，還有更多如同你我一樣的女性為了實現自己的夢想，不斷提高眼界、努力工作、學習新技能，在瞬息萬變的世界裡求變求好，創造屬於自己的價值。

我相信，世界會慷慨獎勵那種懂得努力擁抱變化的女人。

因為在充滿不確定性的世界裡，唯一不變的只有變化本身。而這些變化和更迭就像一把篩子，不斷地淘汰不成長、不能適應變化的人。只有努力擁抱變化、適應變化，才能在大浪來臨時乘風破浪，而不是被風浪拍死在沙灘上。

女人私房話

多數女性在習慣了固定的生活環境、工作環境後，是害怕改變的，她們害怕的不是改變本身，而是害怕改變之後會失去現有的穩定，不敢去承擔未知的後果。

我們這個時代見證了許多平凡人敢於改變自我，創造奇跡實現逆襲人生的經歷。李佳琪從導購員辭職學習直播，到一天賣出三千只口紅，成為電商頂流；香港 TVB 藝人朱千雪不留戀浮華，二〇一六年宣佈離開演藝圈，報考了加拿大西蒙弗雷澤大學的法律博士，並順利成為一名執業律師。

你要相信，那些在日後過得越來越好的人，都是願意去擁抱新生事物、不斷充實自己的人。

加油！人生是用來改變的

有思想的女人，所有堅強都是為了可以不向命運低頭。那一點好強，有人讀懂更好；沒有人明白，她也會默默用自己的腳步丈量屬於自己的土地，因為她們是獨立的人。相信只要付諸行動，人生是可以改變的。

張然有一對「樊勝美式」的父母，家裡有一個不長進的弟弟。在考上大學的那一年，她是靠著自己的助學貸款才得以報名。在張然的記憶中，自己的大學生涯是侷促而繁忙的，似乎總有打不完的工和做不完的家教，總在爭分奪秒地賺著學費和生活費。在匆匆忙忙之中，張然大學畢業了。她還有助學貸款需要償還，但父母依然規定她每個月要交工資的一半給家裡。

不知多少人暗地裡為張然鳴不平，但張然卻雲淡風輕地一笑。她何嘗不知父母重男輕女，但是她心中卻是暗自想著，反正自己年輕，努力工作償還完父母的恩情之後，便可以安心地做些自己想做的事情。

畢業後，她所在的行業不景氣，公司利潤微薄，每年的薪水除了基本開銷之外全給了父母。二十八歲那一年，她拿著辛苦攢下來的僅有的人民幣五千元開了自己的淘寶店。剛開始的時候，舉步維艱。她騎著二手電動車跑遍了整個工業區找貨源，找供應商。大多數人嫌棄她剛剛起步，規模小，但是她憑著耐心一家一家找。那個時候，到半夜了她還盯著淘寶後臺，回答客戶的疑問，更多的時候是態度卑微地主動打電話給顧客解釋，請對方修改不好的評價。

就這樣堅持了四年，三十二歲的張然終於存夠了人生第一個二十萬元，給父母在家鄉的小縣城買了一間房。那一天她對父母說，以後要開始全心全意地為自己而活，希望父母體諒她一點，希望弟弟爭氣一點，有手有腳要靠自己才能過好生活。

她的淘寶店漸漸初具規模，開始走自製服裝的路線。她心中的事業藍圖也逐漸清晰，她感到從來沒有如此輕鬆過。

「你都三十多歲了，再也競爭不過小姑娘了，還不趕快嫁人。」「再不嫁人就老了，女孩三十歲就不值錢了。」年歲漸長帶給張然的從來都不是焦慮，面對這些質疑她總是笑一笑，心中是從容與淡定。

後來，張然的自製服裝淘寶店趕上了熱潮，店裡一條原創連衣裙一個月賣出了二萬條的量。很快，她便在所在的城市用首付款買了第一套屬於自己的房子，買了一輛自己喜歡的車。就在所有人以為她終於守得雲開見月明，要選一個人結婚的時候，張然卻做了一個讓所有人瞠目結舌的決定——她跑去考了當地知名大學的研究生。

那一年，張然三十四歲，身邊同齡人早已兒女雙全。而張然卻捧著書本走在青春洋溢的校園中，去進修自己喜歡的服裝設計專業。聽著自己熱愛的課程，張然心裡無比充實和喜悅。

她的淘寶店早已進入成熟的運營軌道，有了穩定的盈利模式。如今事業有成、經濟條件優渥的張然，沒有人比她更加熱愛自己的三十七歲。

三十七歲的張然，決定走進婚姻殿堂，新郎是追求了她許久的合作商。結婚典禮上，新郎說娶到張然是自己的福氣。她是一個好強又有主見的女性，自己是親眼看著她從一個小淘寶店做到如今員工五十人的皇冠旗艦店，太不容易。愛笑的張然聽到愛人的話哭得梨花帶雨。這是一個懂得她的堅強與好強的人。

許多大學同學特地前來為她慶賀。在眾人的合照中，氣質出塵的張然是那麼耀眼。不少同學感慨，歲月似乎在她身上沒有留下痕跡，不僅僅是光鮮的外表，甚至她的眼神也依舊如青春時那般透亮。

你看，心中有光、眼裡有熱愛的女人，時間總會給她更多禮物，不是蒼老，而是灼見與氣質。

像張然這樣的女人，她們的所有堅強都是為了可以不向命運低頭。那一點好強，有人讀懂更好；沒有人明白，她也會默默用自己的腳步丈量屬於自己的土地。

她們是思想獨立的人，篤信只要付諸行動，人生就可以改變。

尾聲——

即使八十歲，也應該是自己的女孩

二〇二〇年，《神力女超人 1984》在電影院上映三天票房過億元，儘管口碑兩極分化，但我們在電影中看到了一位女性超級英雄戴安娜。神力女超人的扮演者，三十八歲的蓋兒・加朵，也依靠俐落的打戲、明豔的身姿圈粉無數。

電影講述的是一九八四年的華盛頓，兩個流氓正駕駛汽車飛馳，差點撞到一位過馬路的老太太。戴安娜及時救下老太太並護送到路邊，並繼續追緝兩個流氓。兩個流氓進入一個商場進行搶劫，他們用槍指著店員，商場裡的人被嚇得四處逃跑。劫匪的目標是剛剛運到商場準備進行展示的一件無價之寶。員警很快趕到了商場，劫匪見狀立刻抓住一個小女孩把她推到二樓的欄杆邊上，用人質威脅員警，雙方僵持不下。

一個黑人小女孩看到這種場景，問她媽媽之前故事書中救人的女超人真的會出現嗎？媽媽說這只是個故事。

但此時此刻神力女超人突然從天而降，用俐落的格鬥制服了劫匪，並用真言套索綁住了劫匪，救下被挾持的女孩。黑人小女孩發現，原來漂亮姐姐可以像蝙蝠俠一樣厲害，原來故事裡的事真實存在。

第二天，戴安娜去拜訪工作中的芭芭拉。芭芭拉是一個平凡的博物館管理員，正在研究一塊神祕的石頭。傳說只要對著石頭許願，願望就可以實現。芭芭拉希望自己可以像戴安娜一樣有力量、漂亮。戴安娜也對著石頭許下了自己的願望：希望心愛的男友史蒂夫可以復活，回到自己身旁。

戴安娜這個願望的實現讓整個世界發生了徹底的改變。當已經去世的史蒂夫真的回到戴安娜身邊時，浪漫、甜蜜之餘混亂也來了。貪心的麥克斯騙取到了芭芭拉的石頭，不停許願：要富有、要石油、要見總統……世界一片混亂。

願望從哪兒開始，就要在哪兒結束。如果戴安娜放棄願望，世界會好起來，但史蒂夫就又會離她而去。戴安娜不得不再次做出選擇，是滿足自己對於愛人陪在身邊的欲望，還是放棄史蒂夫、拯救這個世界？

最終她選擇了後者。

史蒂夫在街口和戴安娜訣別。戴安娜轉過身，在史蒂夫的注視下向前奔跑，越跑越快，頭也不回。這份決絕，扔下的是對思念的不捨，拾起的是對責任的擔當。這是戴安娜的思維蛻變，更是女性意識的覺醒。愛情只是生命的一部分。從小女人到神力女超人，從公主到女王，這條進階之路，靠的只有自己，靠的只有一路的衝鋒陷陣。

我們都是「戴安娜」，要無懼風雪，要乘風破浪，要成為解救自己的「神力女超人」。我們都應該為成為更好的自己而去改變，為夢想而拼搏。

我們要有著一顆向上的、陽光的心。就像電影開頭說的那樣：只有踏踏實實走好每一步，才有資格談成功。

可以說年歲越長，我的心思反而越篤定。當你努力成為更好的自己的時候，奇蹟往往也會不期而遇。因為我知道命運從來都不會虧待向陽而生的女人。

你甘心過「重複又平庸的生活」的時候，你的能力也只能適應這樣重複又平庸的生活。只有你願意粉碎固有認知，打破固有思維，才能一路披荊斬棘，真正找到屬於你的生活，活出你想要的模樣。

做乘風破浪的姐姐，從來不是咄咄逼人，也不是爭強好鬥，而是憑著一腔孤勇，不斷自我超越、自我創造，直至迎來生命質的飛躍。

自我價值的創造並不等同於名利或者金錢，而是需要打破一些常規，敲碎一些邊界，承認自己眼界有限，承認自己能力不足，虛心聽取每一種聲音，無條件接受善意的批評，但卻始終鬥志昂揚，對自己信心滿滿。

我承認自己不夠完美，但我也知道：我一定會乘風破浪，過得更好！

千錘百煉後，先成為女王，後成為女孩。哪怕兩鬢花白，內心依然如少年歸來。種明月松間照，種花間一壺酒，種桑田成暖玉，竹籬疏影，銀碗煮雪，自成一幅名貴的畫。

哪怕一生中大部分的光陰已過去，要依然心神澄淨、眉眼清明，要以柔和的姿態迎接每個瑣碎的日子。任風堪呼嘯，任雪打枝頭，最終才能有將這一生過得飽滿又蓬勃的底氣。

抬頭即是雲卷雲舒天，低頭便是世外桃花源。

關於家庭

即使是親密愛人，邊界領地也得劃分清晰。

如何相愛不相害

從依附、怨懟、到彼此成全，透過家族治療，探索影響你一生家庭關係的自我成長修復書

即使長大了，父母帶給你的傷仍然刺痛著，
而你也不知不覺，把傷帶進重要的關係裡。
本書將引領你覺察自己和伴侶，以及你們各自和母親的關係，
並透過「家族圖」的練習，學習辨識家族中的創傷事件，
與內心深處的恐懼與不安道別，找回在關係中的安定與安全感。

| 作 者 | 李南玉　　| ISBN | 9789860619553

關於視野

閱讀的意義是讓內心擁有一片樂園，更是為開闊視野。

那些韓劇教我的事

韓國最受歡迎劇評家帶你領略 42 部經典韓劇，體驗 1000 小時的人生精華

記憶可能會消失，但會透過熟悉的影像被喚起。
韓劇的對白像是有一種魔力，總是會深深刺入我們心裡，
也許是讓我們放聲大哭、也許是讓我們對傷痛釋懷，
一起在虛構的世界中，找到繼續前行的力量。

| 作 者 | 鄭德賢　　| ISBN | 9789869972871

關於旅行

期待未知的驚喜，也坦然接受可能會發生的不如意。

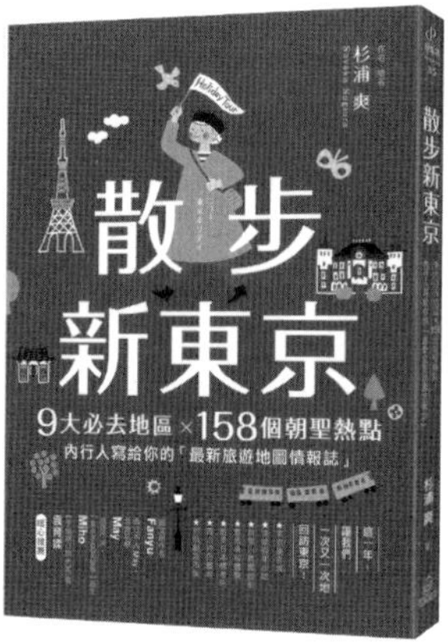

散步新東京

9 大必去地區 ×158 個朝聖熱點，內行人寫給你的「最新旅遊地圖情報誌」

東京，那個你每年都想去的城市，
現在變成了什麼樣子呢？
在地人氣插畫家用 1000 張以上手繪插圖，
帶你重新探索這個古老又新潮的魅力城市！
這一年，讓我們一次又一次地回訪東京！

| 作 者 | 杉浦爽

| ISBN | 9786269642700

關於品味

穿搭不隨波逐流，而用最適合自己的方式來打造獨特魅力。

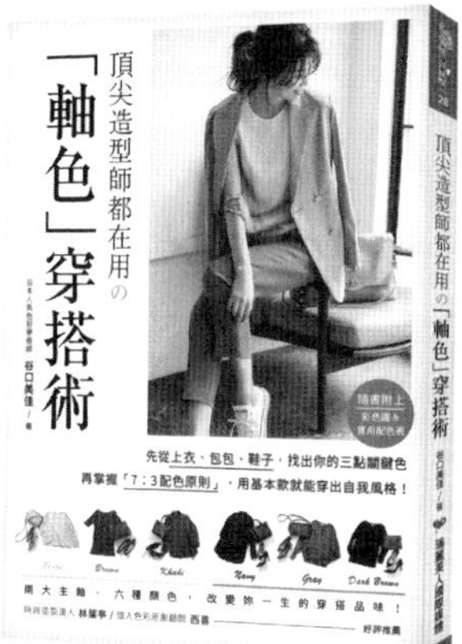

頂尖造型師都在用の「軸色」穿搭術

先從上衣、包包、鞋子，找出妳的三點關鍵色，再掌握「7：3 配色原則」，用基本款就能穿出自我風格！

一上市旋即再版 X 受邀上日本 NHK、日媒爭相報導！
揭露日本頂尖時尚穿搭師的穿衣哲學，
掌握妳的「軸色」，再也沒有「難配」的衣服，
教妳展現從容、俐落、讓人印象深刻的時尚搭配法。

| 作 者 | 谷口美佳

| ISBN | 9789869824040

台灣廣廈國際出版集團
Taiwan Mansion International Group

國家圖書館出版品預行編目（CIP）資料

放大格局，妳可以自帶光芒：寫給女人提升自我價值的七堂課,就算面對軟弱、情緒、困境，也能保有自信與從容 / 曾雅嫻著. -- 初版. -- 新北市：蘋果屋出版社有限公司, 2022.11
面； 公分
ISBN 978-626-96427-5-5(平裝)
1.CST: 自我實現 2.CST: 自我肯定 3.CST: 生活指導 4.CST: 女性

177.2 111015164

蘋果屋
APPLE HOUSE

放大格局，妳可以自帶光芒

寫給女人提升自我價值的七堂課，就算面對軟弱、情緒、困境，也能保有自信與從容

作　　者／曾雅嫻

編輯中心編輯長／張秀環・**編輯**／許秀妃
封面設計／曾詩涵・**內頁設計**／何偉凱
內頁排版／菩薩蠻數位文化有限公司
製版・印刷・裝訂／東豪・弼聖・紘億・秉成

行企研發中心總監／陳冠蒨
媒體公關組／陳柔彣
綜合業務組／何欣穎

線上學習中心總監／陳冠蒨
產品企製組／顏佑婷

發 行 人／江媛珍
法 律 顧 問／第一國際法律事務所 余淑杏律師・北辰著作權事務所 蕭雄淋律師
出　　版／蘋果屋
發　　行／蘋果屋出版社有限公司
地址：新北市235中和區中山路二段359巷7號2樓
電話：（886）2-2225-5777・傳真：（886）2-2225-8052

代理印務・全球總經銷／知遠文化事業有限公司
地址：新北市222深坑區北深路三段155巷25號5樓
電話：（886）2-2664-8800・傳真：（886）2-2664-8801
郵 政 劃 撥／劃撥帳號：18836722
劃撥戶名：知遠文化事業有限公司（※單次購書金額未滿1000元需另付郵資70元。）

■出版日期：2022年11月
ISBN：978-626-964-275-5

本書原名：寫給女人的醒腦書
本書台灣繁體版由四川一覽文化傳播廣告有限公司代理，經中國紡織出版社有限公司授權出版